Relicário de Luz

Francisco Cândido Xavier

Relicário de Luz

Por Espíritos diversos

FEB

Copyright © 1973 by
FEDERAÇÃO ESPÍRITA BRASILEIRA – FEB

7ª edição – Impressão pequenas tiragens – 1/2025

ISBN 978-85-7328-827-8

Todos os direitos reservados. Nenhuma parte desta publicação pode ser reproduzida, armazenada ou transmitida, total ou parcialmente, por quaisquer métodos ou processos, sem autorização do detentor do *copyright*.

FEDERAÇÃO ESPÍRITA BRASILEIRA – FEB
SGAN 603 – Conjunto F – Avenida L2 Norte
70830-106 – Brasília (DF) – Brasil
www.febeditora.com.br
editorial@febnet.org.br
+55 61 2101 6161

Pedidos de livros à FEB
Comercial
Tel.: (61) 2101 6161 – comercial@febnet.org.br

Adquirindo esta obra, você está colaborando com as ações de assistência e promoção social da FEB e com o Movimento Espírita na divulgação do Evangelho de Jesus à luz do Espiritismo.

Dados Internacionais de Catalogação na Publicação (CIP)
(Federação Espírita Brasileira – Biblioteca de Obras Raras)

X3r	Xavier, Francisco Cândido, 1910–2002
	Relicário de luz / por Espíritos diversos; [psicografado por] Francisco Cândido Xavier. – 7. ed. – Impressão pequenas tiragens – Brasília: FEB, 2025.
	208 p.; 21 cm
	ISBN 978-85-7328-827-8
	1. Espiritismo. 2. Obras psicografadas. I. Federação Espírita Brasileira. II. Título.

CDD 133.93
CDU 133.7
CDE 80.03.00

SUMÁRIO

Carta breve 11

Palavras dos editores 12

    EM LOUVOR DA CARIDADE 16

    ORIENTAÇÃO 18

    O BOM LIVRO 20

    MÃE, FITA O CÉU 21

    O INSTANTE DIVINO 22

    ORAÇÃO DAS MÃES 24

    CONVERSA PATERNA 26

    NA ESFERA ÍNTIMA 27

    SUOR E LÁGRIMAS 29

    FRATERNIDADE 30

    DEPOIS DA SEPARAÇÃO 31

    LEMBRANDO MARIA, NOSSA MÃE 34

    COM JESUS 36

    RECORDAÇÃO DO NATAL 37

    CARINHO E RECONHECIMENTO 39

    VAMOS JUNTOS 42

    DE IRMÃ PARA IRMÃ 43

MESTRE E DISCÍPULO	45
ROMANCE	47
SEXO	48
TERNURA E ESPERANÇA	50
SEGUE E CONFIA	53
NO CORREIO DO CORAÇÃO	54
ALEGRIA	57
IDE E PREGAI	59
MEDIUNIDADE NO LAR	60
VERSÃO MODERNA	62
VERSOS AOS ENFERMOS	65
DO CORAÇÃO MATERNO	66
NOSSO "EU"	68
BILHETE DE NATAL	69
MÃE, REANIMA-TE!	70
PÁGINAS DE SAUDADE E TERNURA	73
TRAJETÓRIA	75
A CRIANÇA	77
CORAGEM	79
NA LEMBRANÇA DOS MORTOS	81
HIGIENE ESPIRITUAL	82
PARA VOCÊ, MÃEZINHA	84
PERDOA, TRABALHA E AMA	85
RENOVEMO-NOS DIA A DIA	86
EM PLENA RENOVAÇÃO	88
VAI, IRMÃ	90
DOCE BILHETE	91
NA TAREFA DE EQUIPE	93

RIMAS FRATERNAS 95

PLANTAÇÃO ESPIRITUAL 96

PÁGINA DE LOUVOR 98

PERDOAR E ESQUECER 99

MENSAGEM DE BOM ÂNIMO 100

OURO E AMOR 101

SANTA LEPRA 103

PEQUENO DECÁLOGO DO SERVIÇO
ESPIRITUAL 104

QUADRAS 105

NÃO TE SINTAS SÓ 107

AJUDA-TE 110

TENDO MEDO... 111

NA LUZ DO BEM 113

BILHETE FILIAL 115

SEMPRE CAIM 117

ORAÇÃO DA CRIANÇA 118

DE ALMA PARA ALMA 119

AVANCEMOS 120

NA VIAGEM TERRESTRE 122

CORAÇÕES MATERNOS 123

ANTE O REMORSO 125

MÃE, NÃO CHORE, NÃO 126

ORA E VIGIA 129

BEM E MAL 130

MEDITAÇÃO 131

DIANTE DA SOMBRA 132

POR ONDE VÁS 134

MISSIVA DE IRMÃ	135
AMA E ESPERA	138
AMOR FILIAL	139
CÂNTICO DE LOUVOR	142
ANTE O CÉU ESTRELADO	143
AO VIAJOR DA FÉ	144
SÚPLICA DO NATAL	145
CARTA DE OUTRO MUNDO	146
SAUDADE, ESPERANÇA E AMOR	149
BILHETE A UM LUTADOR	152
DE RETORNO AO CAMINHO	153
DE IRMÃO PARA IRMÃO	155
A CRIANÇA	156
CARTA PATERNAL	157
ORAÇÃO DA SERVA CRISTÃ	158
NA ASCENSÃO	159
CARTA PATERNAL	161
NA SEMENTEIRA INFANTIL	164
COMECEMOS POR NÓS MESMOS	166
SOFRE SEM RECLAMAR	168
NA VIAGEM TERRESTRE	169
ALMA E CORPO	172
DO LAR PARA O MUNDO	173
ORAÇÃO À ESTRELA DIVINA	175
NOSSO GRUPO	177
BENDIZE	178
A DOR	179
OLVIDA A PRÓPRIA DOR	180

PALAVRAS FRATERNAIS 182

TEMPO E AMOR 183

DO CARINHO PATERNAL..................... 184

PALAVRAS AOS JOVENS 186

SOLILÓQUIO...................................... 187

VIDA ÍNTIMA..................................... 188

GRATIDÃO FILIAL............................... 189

SAUDADE 191

ORAÇÃO DO DISCÍPULO 192

COM CRISTO 194

PERDOE E VIVA.................................. 195

CARTÃO FRATERNO 196

ANIVERSÁRIO DE LUZ......................... 197

NO ESTRANHO PORTAL 201

COM OS DIAS 202

BRASIL — PÁTRIA DO EVANGELHO 203

EM SAUDAÇÃO FRATERNAL 204

CALVÁRIO ACIMA 206

CARTA BREVE

Irmã Esmeralda:

Conservaste as páginas dos amigos espirituais, psicografadas ao calor de tua presença amiga, em várias das nossas reuniões de Pedro Leopoldo, enfeixando-as, agora, neste livro que intitulaste "Relicário de luz".

Comove-nos observar o carinho com que as reuniste no coração, qual fiandeira de bondade, entretecendo retalhos de emoção e ternura para com eles urdir a colcha de amor, com que te propões, hoje, socorrer pequena fração de tutelados do nosso venerável Fabiano de Cristo.

Pensamentos e palavras nascidos nas pontes do sentimento, oxalá possam eles converter-se em migalhas de pão e agasalho, lenitivo e remédio para os nossos companheiros em rudes provas, esparzindo, ao mesmo tempo, fortaleza e consolo, entre os que choram de saudade, lembrando-lhes que a vida prossegue, além da morte, em novas perspectivas de paz e justiça, luz e renovação.

Sim, ofereçamos com alegria esta seara singela de fé e reconforto, devotamento e simplicidade, aos nossos irmãos que sofrem.

E, recordando as lágrimas de júbilo e as preces de esperança que partilhamos juntos, ao recolhê-la, repetimos, diante de tua abnegação, com respeito e reconhecimento:

Irmã querida, Deus te abençoe!

EMMANUEL
UBERABA (MG), 20 DE JUNHO DE 1962.

PALAVRAS DOS EDITORES

Este livro apresenta em bela forma literária de prosa e verso lições valiosas de Doutrina eterna e universal.

Muitos de seus autores são mestres consagrados e venerados; outros aparecem dando mensagens a parentes e poder-se-iam considerar Espíritos familiares dos destinatários das epístolas, mas cumpre notar que estes igualmente são Espíritos superiores, como se revelam nos ensinos que transmitem, embora ainda desconhecidos, ou menos conhecidos do que os mestres. Por isso mesmo devemos divulgar-lhes as comunicações.

Os iniciados em Espiritismo nenhum esclarecimento precisam receber neste prefácio, mas a quem desconheça a Terceira Revelação convém darmos algumas linhas.

Os fenômenos espíritas sempre existiram, desde que o homem apareceu na Terra, e deram origem às antigas mitologias com seus deuses e deusas bons e maus, bem como às religiões antigas e modernas com seus anjos, demônios, santos e santas, que são, essas religiões, um estágio mais adiantado das extintas mitologias; mas se a partir de 31 de março de 1848 esses fenômenos passaram a ser mais profundamente estudados e assim vão revelando aspectos novos da vida espiritual dos seres e confirmando a teoria evolucionista da vida.

Num excelente livro sobre a evolução – *Making of Man* –, o sábio inglês *Sir* Oliver Lodge mostra-nos a formação dos seres vivos no Planeta e chama nossa atenção para fatos costumeiros da natureza, aos quais não temos dado a merecida atenção, mesmo por serem costumeiros e nos parecerem banais. Damos-lhes um rótulo que nada explica e passamos adiante sem nenhuma compreensão. Por exemplo, um pintainho, mesmo nascido numa incubadora, sem ter vista nenhuma ave adulta que lhe desse ensino, sabe equilibrar-se nas pernas, caminhar, examinar o meio em que se acha, distinguir o grão que lhe deve servir de alimentação e colhê-lo com o bico.

Dizemos que é apenas o instinto; mas por que, então, o pardal e outros pássaros do campo não nascem com esse instinto e, ao contrário, necessitam de longa aprendizagem, recebida de seus pais, para se alimentarem?

O pintainho formou esse instinto por meio de longa experiência anterior, de conhecimentos adquiridos antes de seu atual nascimento. O pardal ainda não fez tais aquisições. Cada família de viventes revela um grau de evolução e os indivíduos em cada uma dessas famílias têm alguma diferença dos seus companheiros, um certo grau de evolução individual própria, de suas conquistas espirituais.

O homem, em que pese a sua vaidade, não a diferente dos outros viventes, está apenas num grau de evolução diferente, espiritualmente mais adiantado, mas progredindo sempre e cada indivíduo da família humana demonstra suas próprias aquisições feitas no passado, continuadas no presente e destinadas a crescer num porvir para o qual não podemos imaginar fronteira.

Essas aquisições são diferentes de indivíduo para indivíduo e de grupo para grupo. Uns progrediram mais em inteligência, outros em energia, outros em moral. Uns só têm compreensão pelos sentidos, para coisas materiais, para ciências físicas; outros têm mais profundeza filosófica para pesquisarem as causas, a razão de ser das coisas. Ainda outros cogitam mais das relações entre os homens, das questões sociais e seus efeitos sobre os indivíduos, e tratam dessas relações, procurando orientá-las para o bem geral: são sociólogos.

Quando o sociólogo chega a compreender que a sociedade humana se estende além da morte e antes do berço, que o homem pode ser feliz ou infeliz e gerar felicidade, ou infelicidade, não só durante a sua curta encarnação na face da Terra, mas igualmente antes a depois dessa existência material, entra ele em indagações filosóficas sobre as Leis que regem a vida na matéria e fora dela e se reporta à Inteligência suprema que estabeleceu essas sábias Leis; então ele atinge a sublimidade da Religião e adora o Criador das Leis e venera os executores de sua vontade, os Espíritos excelsos que já atingiram culminâncias na evolução e presidem aos nossos destinos.

Aqui no Ocidente curvamo-nos diante de Jesus de Nazaré, como o Chefe supremo dos altos Espíritos que executam os desígnios de Deus quanto ao nosso Planeta; por isso mesmo neste livro a cada passo se encontram respeitosas referências a Jesus.

No Oriente muitos veneram igualmente outros nomes de Espíritos superiores, mas a diferença de nomes não importa, porque nas altas hierarquias espirituais não há rivalidades, cismas, zelos por nomes; todos são solidários, unidos no cumprimento da vontade de Deus.

Damos o nome de Espiritismo ou de Terceira Revelação a esta nova fase de Espiritualismo, iniciada em 31 de marco de 1848, que confirma e explica todas as formas anteriores de Espiritualismo, bem como se estende ao estudo de tudo o que vive na natureza.

E a fase experimental do Espiritualismo, porque se baseia em experimentação científica dos fenômenos e admite que este campo de estudos é infinito e eterno, porque se dilata por todo o Universo e terá de crescer sempre com o progresso da inteligência humana e esta crescerá eternamente.

Pela fé nas Revelações anteriores, o homem pode chegar à Religião sem indagações filosóficas e orientar bem sua conduta moral; mas o homem sem fé necessita de fatos, de compreensão, para chegar a Religião.

Neste livro muitas mensagens são ditadas pelo amor de pais a filhos, de filhos a pais, de amigos a amigos, demonstrando que o afeto não morre com o corpo, porque é da alma e até se aprimora mais depois da crise da morte, esta crise inevitável pela quais todos temos de passar.

São frequentes essas comunicações amorosas e quase sempre possuem grande força de convicção pelas revelações de fatos pessoais, desconhecidos do médium e de todas as outras pessoas, só compreensíveis para o destinatário e que por vedes falam muito ao coração. Quem redige estas linhas tem tido a fortuna de receber muitas mensagens íntimas que lhe dão muito conforto e lhe revelam de modo indiscutível a identidade do amigo comunicante.

Como os fenômenos espíritas são universais e eternos, repetem-se em todos os tempos e em todos os lugares, o Espiritismo não será apenas mais uma escola espiritualista, como uma das religiões do passado e do presente; terá que se universalizar e ser aceito no futuro por toda a humanidade, como já o foram outros conhecimentos verificados pelos estudiosos de todo o planeta, por exemplo, nas descobertas da física, da astronomia, da química, etc. Por isso a humanidade futura terá que adquirir unidade religiosa, como já adquiriu, em certos domínios, unidade científica. E isso será um grande bem, porque pelo conhecimento do Espiritismo o homem adquire tranquilidade, segurança do seu futuro, certeza de que terá meios e tempo de libertar-se de todos os males que o afligem, inclusive de sua ignorância, de seus defeitos, das doenças e da morte.

O conhecimento do Espiritismo é o mais precioso dos bens que o homem pode adquirir na face da Terra e lhe dá a convicção de vir a realizar todos os seus ideais.

Ismael Comes Braga

EM LOUVOR DA CARIDADE

Grande é a Seara de Nosso Senhor Jesus Cristo, a expressar-se no trabalho constante do seu Apostolado de redenção.

Dentro dele, há naturalmente quem administre, quem legisle, quem doutrine, quem esclareça, quem teorize, quem corrija, quem defenda o direito, quem defina a estrada certa, quem consulte as necessidades alheias para dosar o conhecimento, quem analise a mente do próximo para graduar a revelação, quem advogue a causa da Verdade e quem organize os círculos determinados de tarefas, nos horizontes da inteligência...

Entretanto, em todas essas manifestações a que somos chamados na obra do Senhor, é imprescindível tenhamos quem atenda a caridade – a caridade que é o próprio Jesus, de braços abertos, induzindo-nos à renúncia de nós mesmos para que prevaleça a divina Vontade.

Ainda assim, para que a sublime virtude nos tome a seu serviço, é indispensável que a humildade do Mestre nos marque os corações, a fim de que lhe retratemos a Bondade infinita.

Permaneçamos, desse modo, com a caridade, estendendo-lhe a generosa luz.

Caridade para com os pequeninos, para que se elevem à bênção de Deus, caridade para com os Espíritos que a experiência, de algum modo, já engrandeceu, para que se façam intérpretes dessa bênção, em favor dos que sobem dificilmente o monte da evolução.

Caridade para com os famintos de pão e caridade para com os famintos de amor...

Caridade para com os amigos e caridade para com os adversários, para que a harmonia reine no grande caminho que nos compete trilhar... Guardemos humildade à frente de todos os condutores do pensamento e do trabalho, na obra do Senhor, cuja intimidade hoje buscamos, sequiosos de redenção, osculando-lhes respeitosa e reconhecidamente as mãos, consagradas à ordem e à verdade, à justiça e ao bem, mas, genuflexos, roguemos a eles nos ajudem, para que a caridade nos encontre fiéis, em seu culto, na pessoa de nossos semelhantes, a fim de que por Luz das luzes, Bênção das bênçãos e fraternidade salvadora, em todos as organizações fraternas do nosso ideal libertador, seja ela o altar humano e vivo, em que os braços do Senhor se manifestam no mundo, agora e sempre.

FABIANO DE CRISTO

ORIENTAÇÃO

Meu irmão:

Que Jesus nos abençoe a todos, fortalecendo-nos nas realizações de seu Reino divino.

O caminho é ainda o mesmo – não temos roteiro diferente daquele traçado pelo divino Mestre a nossa atividade.

Servir sem recompensa.

Amar sem reclamações.

Amparar aqueles que nos ferem.

Auxiliar aos que não nos compreendem ainda.

Orar pelos que tentam perturbar-nos.

Levantar os que caem ao longo dos caminhos. Viver os ensinamentos do bem, antes de transmiti-los a outrem.

Edificar o reino do Senhor, dentro de nós mesmos, sem exigirmos a construção evangélica dos vizinhos.

Converter-nos substancialmente ao bem; com Cristo colaborar na paz de todos, sem esperar retribuição do próximo.

Confiarmos em Jesus, ainda que tudo constitua ameaça em derredor.

Estes, meu amigo, são princípios de nossa orientação que não devemos menosprezar em tempo algum.

Prossegue, com a tua sinceridade de aprendiz fiel do Evangelho, por meio do caminho áspero.

Não te desvie a tempestade que modifica e renova os quadros em torno.

Acende a tua luz e serve ao Senhor, servindo as criaturas.

Na realização deste sagrado propósito reside, hoje, aqui e agora, a nossa imediata missão.

Que o Senhor te abençoe.

EMMANUEL

O BOM LIVRO

O livro edificante é sementeira da Luz divina,
aclarando o passado,
orientando o presente
e preparando o futuro...

Instrutor do espírito – esclarece sem exigências.
Médico da alma – cura sem ruído.
Sacerdote do coração – consola sem ritos exteriores.

Amigo vigilante – ampara em silêncio.
Companheiro devotado – jamais abandona
Cooperador eficiente – não pede compensações.

Semeador do infinito – fecunda os sentimentos
Benfeitor infatigável – permanece fiel.
Arquiteto do bem – constrói no espírito imorredouro.

Altar da simplicidade – revela a sabedoria.
Fonte inesgotável – jorra bênçãos de paz.
Campo benfazejo – prepara a vida eterna.

Lâmpada fulgurante – brilha sem ofuscar.
Arvore compassiva – frutifica sem condições
Celeiro farto – supre sem perder.

ANDRÉ LUIZ

MÃE, FITA O CÉU

Contempla, Mãe, o lar que se constela
De esperança, de paz e de beleza,
Na sublime amplidão, na luz acesa
Da imensidade azul, estranha e bela...

Anjo na cruz de espinhos da tristeza,
Vence o frio da dor que te enregela
E ergue os olhos, acima da procela,
Da amargura, da sombra e da incerteza...

Além da angústia que te aflige os passos,
Veles teus filhos nos divinos Braços,
No milagre da fé serena e forte!...

E sentirás, enfim, ditosa e crente,
Que teus filhos te buscam docemente,
Estendendo-te as mãos, além da morte!...

Vallado Rosas

O INSTANTE DIVINO

Não deixes passar, despercebido, o teu divino instante de ajudar.

Surge, várias vezes nos sessenta minutos de cada hora, concitando-te ao enriquecimento de ti mesmo.

Repara, vigilante.

Aqui, é o amigo que espera por uma frase de consolo.

Ali, é alguém que te roga insignificante favor.

Além, é um companheiro exausto no terreno árido das provas, na expectativa de um gesto de solidariedade.

Acolá, é um coração dorido que te pede algumas páginas de esperança.

Mais além, é um velhinho que sofre e a quem um simples sorriso teu pode reanimar.

Agora, é um livro edificante que podes emprestar ao irmão de luta.

Depois, é o auxílio eficiente com que será possível o socorro ao próximo necessitado.

Não te faças desatento.

Não longe de tua mesa, há quem suspire por um caldo reconfortante.

E, enquanto te cobres, feliz, há quem padeça frio e nudez, em aflitiva expectação.

As horas voam.

Não te detenhas.

Num simples momento, é possível fazer muito.

Ao teu lado, a multidão das necessidades alheias espera por teu braço, por tua palavra, por tua compreensão.

Vale-te, pois, do instante que foges e semeia o bem para que o mundo se empobreça de miséria e, em se fazendo hoje mais rico de amor, possa fazer-te, mais rico de luz.

José de Castro

ORAÇÃO DAS MÃES

Senhor:
Abriste-me o próprio seio e confiaste-me os filhos do teu amor.
Não me deixes sozinha na estrada a percorrer.
Nas horas de alegria, dá-me temperança.
Nos dias de sofrimento, se minha força.
Ajuda-me a governar o coração para que meu sentimento não mutile as asas dos anjos tenros que me deste; e adoça-me o raciocínio para que a minha devoção afetiva não se converta em severidade arrasadora.
Defende-me contra o egoísmo para que a minha ternura não se transforme em prisão daqueles que asilaste em meus braços.
Ensina-me a corrigir com amor, para que eu não possa trair o mandato de abnegação que depuseste em meu espírito.
Nos minutos difíceis, inclina-me a renúncia com que devo iluminar o trilho daqueles que me cercam.
Senhor, auxilia-me a tudo dar sem nada receber.
Mostra-me os horizontes eternos de tua Graça, para que os desejos da carne não me encarcerem nas sombras.
Pai, sou também tua filha.
Guia-me nos caminhos escuros, a fim de que eu saiba conduzir ao infinito Bem os promissores rebentos de tua Glória.
Senhor, não me desampares!
Quando a tua Sabedoria exigir o depósito de bênçãos com que me adornaste a estrada por empréstimo sublime, dá-me o necessário desapego para que eu te restitua as joias vivas de meu coração, com

serenidade e alegria; e quando a vida me impuser, em teu Nome, o desprendimento e a solidão, reaquece minh'alma ao calor de teu Carinho celeste para que eu venere a tua Vontade para sempre.

    Assim seja.

MEIMEI

CONVERSA PATERNA

— Filho: alvorece... Apega-te à charrua
E semeia teu mundo juvenil
De bondade e beleza, em graças mil,
Enquanto a vida em ti se alarga e estua.

Guarda a firmeza de quem não recua,
Ante os percalços do terreno hostil,
Quando o arado trabalha, ao céu de anil,
O serviço do Mestre continua...

Louva, cantando, a nova madrugada
Em que aparece a luta renovada,
Compelindo-te a luz do mais além.

Semeia, com Jesus, na manhã clara...
E encontrarás a glória da seara
No campo eterno do infinito bem.

JOÃO DE DEUS

NA ESFERA ÍNTIMA

Cada um administre aos outros o dom como o recebeu, como bons dispensadores da multiforme graça de Deus. –

(I Pedro 4:10)

A vida é máquina divina da qual todos os seres são peças importantes e a cooperação é o fator essencial na produção da harmonia e do bem para todos.

Nada existe sem significação.

Ninguém é inútil.

Cada criatura recebeu determinado talento da Providência divina para servir no mundo e para receber do mundo o salário da elevação.

Velho ou moço, com saúde do corpo ou sem ela, recorda que é necessário movimentar o dom que recebeste do Senhor para avançar na direção da grande Luz.

Ninguém é tão pobre que nada possa dar de si mesmo.

O próprio paralítico, atado ao catre da enfermidade, pode fornecer aos outros a paciência e a calma, em forma de paz e resignação.

Não olvides, pois, o trabalho que o Céu to conferiu e foge à preocupação de interferir na tarefa do próximo, a pretexto de ajudar.

Quem cumpre o dever que lhe é próprio age naturalmente a benefício do equilíbrio geral.

Muitas vezes, acreditando fazer mais corretamente que os outros, o serviço que lhes compete, não somos senão agentes de desarmonia e perturbação.

Onde estivermos, atendamos com diligência e nobreza a missão que a vida nos oferece.

Lembra-te de que as horas são as mesmas para todos e de que o tempo é o nosso silencioso e inflexível julgador.

Ontem, hoje e amanhã são três fases do caminho único.

Todo dia é ocasião de semear e colher.

Observemos, assim, a tarefa que nos cabe e recordemos a palavra do Evangelho – "cada um administre aos outros o dom como o recebeu, como bons dispensadores da multiforme graça de Deus", para que a graça de Deus nos enriqueça de novas graças.

EMMANUEL

SUOR E LÁGRIMAS

Suor é trabalho.
Lágrima é sofrimento.
Com o suor aprendemos.
Com a lágrima purificamos.
O trabalho esclarece.
O sofrimento redime.
Sem suor, o mundo agonizaria na inércia.
Sem lágrimas a consciência perder-se-ia no erro.
Sem trabalho não teríamos a escola que habilita o homem ao progresso.
Sem o sofrimento não encontraríamos o santuário de nossa redenção para a imortalidade.
Com o suor engrandecemos a passagem pela Terra.
Com a lágrima rasgamos a senda para o Céu.
Suando, aperfeiçoamo-nos.
Sofrendo, santificamo-nos.
Homens, nossos irmãos do grande caminho, aceitemos no suor e nas lágrimas, nossos guias para a ascensão a Deus.
Rendamos culto aos silenciosos e sublimes instrutores que nos visitam em nome do Senhor.
E, suando e sofrendo, guardemos a certeza de que construiremos as asas divinas que nos transportarão das sombras do mundo à glória da Vida eterna.

SCHEILLA

FRATERNIDADE

Sem que o Sol guarde a Terra e sem que a Terra inteira
Obedeça ao Senhor, de segundo a segundo,
Estendendo o seu manto amoroso e fecundo,
Ninguém recolheria os dons da sementeira.

Sem que a semente desça ao vale negro e fundo,
Morrendo por servir aos júbilos da leira,
E sem que o lavrador se confie à canseira
Não há bênçãos do pão nos celeiros do mundo.

Sem a glória do bem cantando em toda estrada,
A vida rolaria estranha e desvairada
Às furnas abismais do universo atro e mudo...

Assim também conosco, em plena luta humana,
Sem a Fraternidade esplêndida que irmana,
Tudo é miséria e dor na frustração de tudo.

AMARAL ORNELLAS

DEPOIS DA SEPARAÇÃO

Mamãe e Papai:

Trazendo-lhes meu coração como acontece em todos os dias, estou aqui reafirmando nossas preces habituais a Jesus.

Se é possível misturar felicidade com saudade, sinto-me infinitamente feliz.

Nosso amor venceu a morte.

Nossa fé venceu a dor.

Em verdade, qual acontece ao Papai, tenho lágrimas nos olhos, contudo lágrimas de alegria porque nos reencontramos no mundo vasto.

A Bênção divina marcou as nossas esperanças e chegamos a essa bendita integração espiritual em que nos continuamos uns nos outros.

Pouco a pouco, recupero as recordações de tudo o que a vida relegou para trás.

Nossos laços carinhosos de hoje são fibras de abençoada luz que se farão frutos de progresso na Espiritualidade, em futuro próximo; mas, lá no fundo da linha vertical do destino por onde nos elevamos em busca de Deus, jazem as raízes do pretérito ditando as razões da nossa luta de agora.

Não existe problema sem o começo necessário; no existe sofrimento cujas causas não se entrelacem a distância.

Respeitemos a provação que nos separou e louvemo-la pelo tesouro de claridades sublimes que nos trouxe.

Não fosse a noite e jamais saberíamos identificar a glória do dia.

A morte pode ser a morte para muitos; mas para nós foi ressurreição numa era nova.

Dela extraímos a riqueza de uma vida superior que naturalmente nos guia os impulsos de conhecimento ao encontro da humanidade maior.

Graças a Deus tenho aprendido algo.

A criança que conheceram sente-se, hoje, companheiro e amigo devedor insolúvel nas estradas eternas.

A bondade do Senhor, com o carinho que recebo de ambos, operou em mim o milagre de uma compreensão mais enobrecida.

Somos associados de muitas empresas, batalhadores de muitos combates, irmãos de ideal e de alegria, de aflição e de luta em muitas jornadas na Terra...

Quisera que as energias condensadas da carne, por instantes, fugissem à lei que as governa, a fim de revelar-lhes, assim como na luz de um relâmpago, os quadros imensos da retaguarda...

Entretanto, as circunstâncias são a vontade justa do Senhor e devemos respeitá-las.

Por muito se demorem na carne, separa-nos tão somente um breve hoje.

Das sombras que abraçam o pó do mundo, emergimos cantando a felicidade de nossa inalterável comunhão. Até lá, porém, é imprescindível trabalhemos.

Nossos dias de angústia e de perplexidade passaram, como passaram as primeiras horas de ansiedade em que as nossas notícias mútuas eram como que o único alimento capaz de saciar-nos a alma atormentada...

Agora, temos um campo enorme à frente do coração.

Campo de serviço que em suas mínimas particularidades nos requisita a plantação de novos destinos.

Começa na família e espraia-se, infinito, no território das vidas diferentes que se ligam às nossas por misteriosos elos do espírito.

Não se sintam sozinhos, não sofram, não lastimem...

Estamos juntos hoje quanto ontem, à procura de nossas sublimes realizações.

Compreendo as dificuldades que ainda interferem com os nossos desejos.

Entretanto, rogo-lhes coragem.

Doando nossas disponibilidades espirituais, ao tempo, por meio da nossa aplicação incessante com o bem, do tempo recebemos a quitação de nossos débitos, porque a divina Providência nos entrega, por intermédio dele, os trabalhos que precisamos efetuar, a benefício de nossa própria felicidade.

Confiemos no Cristo para que o Cristo confie em nós.

O sonho de solidariedade humana que nos vibra no peito não é uma luz que esteja nascendo, de improviso, no vaso de nossos sentimentos.

Vem de longe, de muito longe...

E, tão grande é a importância de que se reveste, que a dor veio ao nosso encontro despertando-nos para a divina edificação.

Saciedade no mundo é prejuízo de nossa alma.

É por isso que Jesus preferiu o madeiro do sacrifício, com a incompreensão dos homens e com a sede de amor.

Rejubilemo-nos no calvário de nossa paixão por maiores luzes.

A subida é áspera para quem deseja o ar puro dos cimos.

Continuemos caminhando sob a inspiração do nosso divino Mestre.

É tudo o que poderemos fazer de melhor.

De nós mesmos, atentos à insegurança de nossas aquisições, nosso passo seria vacilante entre a luz e a sombra, entre o bem e o mal...

Com Cristo, porém, cessam as dúvidas.

O sacrifício de nossos desejos aos desígnios do Céu é a chave de nossa felicidade real.

Mamãe, à vovó envio o meu pensamento muito carinhoso com lembranças a todos de casa.

Envolvendo-os assim, em meu coração e em meu carinho, beija-lhes as mãos entrelaçadas com as minhas o filho saudoso e reconhecido que, em cada dia, lhes segue afetuosamente os passos.

Carlos Augusto

LEMBRANDO MARIA, NOSSA MÃE

Minha filha:
Deus nos guie para diante.
Atendamos aos desígnios do Senhor que nos redime pelo sofrimento como o oleiro consegue purificar a argila do vaso pela bênção do fogo.

Não tenhamos em mente senão a soberana e compassiva determinação do Alto para que possamos realmente triunfar.

Não sabemos a hora da grande renovação, mas não ignoramos que a renovação virá, fatalmente, em favor de cada um de nós.

Assim sendo, não nos preocupemos quanto à estrada que nos cabe palmilhar; mas sim, busquemos, em nós e fora de nós, a precisa força para vencê-la dignamente.

Sigo-te ou, aliás, seguimos-te o calvário silencioso.
Não te desanimes, nem te inquietes.
Caminha simplesmente.
Existe para nós o divino modelo daquela mulher venerável e sublime que, depois de escalar o monte, tudo perdeu na Terra; sabendo, porém, conservar-se ligada ao Pai de infinita Misericórdia, convertendo em trabalho e conformação, em prece e esperança, as chagas da própria dor.

Maria, nossa Mãe santíssima, não é mãe ausente do coração que a Ela recorre.

Inspiremo-nos em seu martirológico de angústia e saibamos fazer de nossos padecimentos um celeiro de graças.

A aflição que se submete a Deus, procurando-lhe as diretrizes, é uma âncora de sustentação; mas aquela que se perde em desespero infrutífero é um espinheiro de fel.

Soframos com calma, com resignação invariável, de mãos no arado de nossos deveres e de olhos voltados para o Céu.

É preciso coragem para não esmorecer, porquanto para as mães, a renúncia como que se converte em alimento de cada dia.

Recordemos, porém, nossa Mãe do Céu e sigamos com destemor.

Não te faltará o arrimo das amizades celestiais que te cercam e pedindo-te confiar em minha velha dedicação, sou a amiga de sempre, que se considera tua mãe espiritual.

ZIZINHA

COM JESUS

Devotados obreiros de Jesus,
O Evangelho convida-nos além,
A Mansão da Verdade de onde vem
O brilho eterno da divina luz.

Eis que a bênção do Mestre nos conduz
A sementeira lúcida do bem,
Para a celestial Jerusalém
Pelo arado de lágrimas da cruz!

Cultivemos o campo do Senhor,
As claridades do Consolador,
Em que a humildade e a paz possam florir...

Todo cristão fiel que vence o mal
E a esperança do Amor Universal
Para a Terra ditosa do porvir.

JOÃO DE DEUS

RECORDAÇÃO DO NATAL

Não permitas que o júbilo do Natal vibre em teu coração á maneira de uma lâmpada encarcerada...

Toma o facho de luz que a mensagem do Céu acende ao redor de teus passos e estende-lhe a claridade sublime.

Não te detenhas.

Avança com alegria e humildade.

Se a fé resplandece em teu santuário interior, que importam a ventania e o temporal?

O Sol, cada manhã, penetra os recôncavos do abismo sem contaminar-se.

Segue, invencível em tua esperança e sereno em tua coragem, sob a inspiração da fraternidade e da paz!...

Sê um raio estelar da sabedoria para a noite da ignorância; se a gota de orvalho da consolação e do carinho que diminua a tensão do sofrimento por onde passes; sê o fio imperceptível da compreensão e do auxílio que dissipe o nevoeiro da discórdia; sê a frase simples e boa que ajude e reconforte, onde o fogo do mal esteja crestando as flores do bem...

Um sorriso realiza milagres.

Um gesto amigo ampara a multidão.

Com algumas palavras, o Cristo articulou o roteiro regenerativo do mundo e com a bênção da própria renúncia retificou os caminhos da humanidade.

Renovam-se no Natal as vibrações da Estrela do Amor que exaltou com Jesus a glorificação a Deus e ao reino da boa vontade entre os homens.

Jamais ensurdeçamos ante o apelo celestial que se repete

Ampliemos a comunhão fraterna e louvemos a cooperação porque, anualmente, o Cristo nos requisita a verdadeira solidariedade, a fim de que, em nos tornando mais irmãos uns dos outros, possa Ele nascer, em espírito na manjedoura do nosso coração, transformando em incessante e divino Natal todos os dias da nossa vida.

EMMANUEL

CARINHO E RECONHECIMENTO

Querida Mamãe:
Pedindo-lhe me abençoe com o seu carinho de todos os dias, venho trazer-lhe meu abraço.

É sempre doce acenar, a senhora, com o sinal de nossa ternura, de nosso reconhecimento.

Tenho a ideia de que nós, seus filhos, somos pássaros incapazes de esquecer a árvore acolhedora que os viu nascer.

Por muito vastos sejam nossos voos, chega o momento em que sentimos sede do aconchego suave do ninho e, alegres e confiantes, tornamos aos seus braços, renovando as energias para as incursões no espaço infinito!

Graças a Jesus, vemo-la corajosa, refeita.

A ventania arrasadora rouba-lhe os galhos de esperança, decepa flores de seu ideal de esposa, mãe e mulher; mas a senhora permanece firme, a frente do temporal.

Rendamos graças à divina Providência pela dádiva de sua coragem e de seu heroísmo.

As mãos de Jesus operam milagres nos corações que a elas se entregam com segurança.

Afastam pesares, curam chagas, adormecem a dor.

Levantam-nos para o trabalho e sustentam-nos na tarefa que nos cabe desenvolver.

Dissipam a neblina da angústia e acendem nova luz no horizonte de nossa fé.

Multiplicam nossas forças, dilatando-as no serviço a que nos afeiçoamos a favor de nosso próprio bem.

Cerram nossos lábios quando a fadiga nos sugere observações imprudentes e constituem infalível apoio para que não venhamos a cair nos despenhadeiros que se alongam nas margens do caminho que devemos trilhar.

São arrimos valiosos que nos sustentam de pé, transportando-nos por meio de asas luminosas, às visões do Céu...

Procuremos, cada dia, as mãos do Senhor.

Sem elas, Mamãe, não seria possível um passo frente, na estrada de redenção a que fomos conduzidos pela Bondade celestial.

Com a senhora, aprendi a buscar esse bendito sustentáculo de minha jornada nova... Deus a recompense por Vedas as bênçãos de sua maternal dedicação.

Ainda e sempre, rogo-lhe não esmorecer...

Com o Mestre da Verdade, sabemos que tudo perder no mundo transitório é tudo reencontrar na vida eterna.

Seu espírito valoroso tem sabido planejar o bem e executá-lo sem desligar-se da certeza de que tudo é de Deus e de que tudo permanece nele, nosso amoroso Pai.

Compreendo-lhe a suprema renúncia. Sem ela, contudo não lhe seria possível realizar tanto em nosso benefício.

É por isso que, em preces silenciosas e constantes, peço ao Senhor a conserve resistente e calma, nobre e forte.

Recordemos que as mãos de Jesus permanecem nas diretrizes de nossa marcha.

O tempo é um empréstimo de Deus.

Elixir miraculoso – acalma todas as dores.

Invisível bisturi – sana todas as feridas, refazendo os tecidos do corpo e da alma.

Com o tempo erramos, com ele retificamos.

Em companhia dele, esposamos graves compromissos e, por ele amparados, resgatamos todos os nossos débitos.

Enquanto acreditamos que o tempo nos pertence, muitas vezes, caímos presas de cipoais de sombra; mas, quando compreendemos que o tempo é de

Deus, o nosso retorno á paz se concretiza em abençoada recuperação de nós mesmos para o amor que tudo regenera e tudo santifica.

Confiemos, assim, no tempo que o Senhor nos concede a própria libertação e prossigamos convertendo nossos problemas em lições e as nossas lições em bênçãos da divina imortalidade.

Jesus está conosco e, ao toque de sua infinita bondade, todas as nossas experiências se transformam em motivos de felicidade imperecível.

A todos os nossos, o meu abraço carinhoso de sempre. E beijando-a com o meu coração reconhecido sou a filha sempre ao seu lado,

Aparecida

VAMOS JUNTOS

Vamos juntos vencendo a noite escura,
De mãos unidas, pela estrada afora,
Combatendo o infortúnio que devora
Os filhos da aflição e da amargura.

Sob a paz da esperança viva e pura.
Em torno à dor bendita que aprimora,
Aguardaremos a sublime aurora,
Consolando a miséria e a desventura.

Amados, não temais a treva estranha,
Escalemos o topo da montanha,
De coração cansado ao desabrigo!...

Finda a noite de angústia e de saudade,
Chegaremos em plena eternidade,
Ao lar eterno do divino Amigo!

AUTA DE SOUZA

DE IRMÃ PARA IRMÃ

Minha amiga:
Que a Mão de Jesus nos guie para a vitória.
Minha palavra singela se ergue para saudar-te. É a reafirmação da esperança em nosso triunfo espiritual.
Sigamos, ao sol do amor de nosso divino Mestre, vencendo os óbices do caminho. E haverá bastante luz em nossa fé para as realizações que nos cabem atingir.
O lar, minha querida, com os seus cuidados, é a sementeira da glória. Glória do sacrifício esplendor que nasce da cruz. E o mundo com as suas lutas, agigantadas e ásperas, é a sublime lavoura, em que nos compete exercer o dom de compreender e servir. Com alguns, aprendemos o que seja amparar a muitos. Com as flores do coração habilitamo-nos a suportar os espinheiros da estrada maior, transformando-os em roseirais de harmonia e beleza. Se o cansaço nos requisita ao repouso recorramos a prece e prossigamos trabalhando. Se a dor nos visita o Campo íntimo convertamo-la em fator de alegria, transubstanciando-a em caridade para os que sofrem mais que nós mesmos. Capacita-te de que nunca estamos sozinhas. Pela oração Jesus vive conosco. Por essa escada de bênçãos, rogamos e recebemos, morando na Terra e no Céu. A claridade da prece, tudo se transforma, em tono de nossos passos. O sofrimento passa a ser purificação como a noite é a promessa do dia. A saudade ergue-se a condição de esperança, porque tudo é sublimidade e alegria da proteção celestial.
Quando na Espiritualidade superior, estudamos a longa senda a percorrer e prometemos fidelidade às próprias obrigações; mas, no mundo, a

neblina da ilusão quase sempre, obscurece-nos o olhar e a nossa visão sofre obstáculos, cuja intensidade e extensão não somos capazes de prever.

Recebamos os percalços da jornada, por benéficos desafios. Desafios que devemos aceitar valorosamente, de modo a não perder o nosso ensejo de elevação.

Sei que trazes na alma a luz acesa da fé, mas não ignoramos também a ventania que sopra forte sobre a chama dos nossos mais puros ideais.

Preservemos a flama de nossas promessas ao Cristo e vivamos servindo ao Senhor que nunca menosprezou as nossas necessidades, honrando-o na pessoa do nosso próximo menos feliz.

Na obra do Evangelho a tarefa cumprida gera novas tarefas que nos aguardam a paciência e a dedicação.

Não esperemos assim, da atualidade, quando apenas começamos o nosso esforço de redenção o descanso que o mundo realmente ainda não possui para nos dar.

Doemos todas as nossas possibilidades na seara do eterno e divino Benfeitor. Cada irmão do caminho, cada criatura de nossa romagem, constituem oportunidades que Jesus nos concede para a reestruturação dos nossos destinos. Saibamos aproveitar, assim, todos os tropeços como experiências abençoadas e todas as experiências como lições que objetivam o nosso aperfeiçoamento.

Minha querida amiga, estamos sempre juntas. No lar e no santuário de nossas edificações espirituais, na dificuldade e na dor, na facilidade e na alegria.

Mais tarde, quando o dia do "agora" estiver terminado quando o crepúsculo de paz descer sobre a nossa estrada, então veremos, unidas, à excelsitude do passado a graça do presente e a ventura do porvir...

Que o nosso divino Mestre te acalente todos os sonhos sublimes, materializando-os no espaço e no tempo, para que a paz seja a coroa a fulgir sabre a tua fronte.

E, com o meu reconhecimento de todos os dias, pelo carinho que cultivas em meu coração agradecido e feliz, beija-te as mãos abnegadas, a tua

ECLEIA

MESTRE E DISCÍPULO

Nasce o Mestre – na manjedoura do coração.
Sorri divinamente – entre os impulsos sentimentais,
Mostra-se razão – a luz da estrela da fé,
Desenvolve-se, dia a dia – sob os cuidados da alma,
Alegra a paisagem mental – renovando a esperança!

Ainda menino – sobe ao templo do cérebro,
E fala com simplicidade – confundindo raciocínios doutos.

Movimenta-se, desde então – no cosmos individual,
Aproveita sentimentos singelos – como se valeu de pescadores humildes,

E começa o apostolado – da conversão do aprendiz.

Devolve movimento – no coração paralítico,
Restitui a visão – aos olhos enganados,
Limpa a lepra do mal – ao pensamento invigilante.
Equilibra-lhe a mente – invadida pelos princípios das trevas,
Revela-lhe a lei do amor – acima dos códigos humanos,
Transforma-o, dia a dia – pela divina atuação.

E quando o mundo inferior se rebela contra o discípulo,
Une-se mais a ele, no cenáculo do espírito,
Dá-lhe instruções baseadas – na submissão a Deus.
Revela-lhe o mundo maior – glorificando o sacrifício.

Dilata-lhe a personalidade – exemplificando a renúncia,
Eleva-lhe a estatura – semeando entendimento...
Atingindo o Calvário – das responsabilidades interiores,
Quando o aprendiz isolado – está sozinho em si mesmo, entre milhões de pessoas,

É o mesmo Senhor – nascido no presepe íntimo,
Que o ampara – no monte do canto,
Concedendo-lhe serenidade para a cruz dos testemunhos,

A fim de que aprenda – em turbilhões de luta,
A sofrer – amando,
A orar – construindo,
A morrer – perdoando,
Para que, em pleno infinito – da ressurreição eterna,
Haja mais luz divina – sobre as trevas humanas,
Mais alegria celeste – sobre as dores terrenas,
E a nova bênção resplandeça – no círculo das criaturas,
Em favor de nossa redenção – para um mundo melhor.

ANDRÉ LUIZ

ROMANCE

Disse a Vaidade ao Homem: — "Goza o dia!
A Morte é cinza e nada, eternamente!..."
Mas disse a Fé: — "Trabalha, humilde e crente!
No sepulcro a Verdade principia..."
O Homem, porém, colado à Fantasia,

Aliou-se a Vaidade impenitente.
E oprimiu e gozou, buscando à frente,
A mentira do Orgulho que o seguia.

Mais tarde, veio a Dor e disse: — "Escuta!"
O Homem, contudo, abriu-lhe fogo e luta,
Recusando-lhe a voz serena e forte...

Mas a Dor abraçou-lhes o sonho e a vida.
E o rei da sombra, de alma consumida,
Desceu, chorando, aos cárceres da morte...

Anthero do Quental

SEXO

O sexo, no templo da vida, é um dos altares em que a divina luz do amor se manifesta.

A ele devemos, no mundo, a bênção do lar, a ternura das mães, os laços da consanguinidade, a coroa dos filhos, o prêmio da reencarnação, o retorno a lide santificante...

Por meio dele, a esperança ressurge em nossa alma; e o trabalho se renova para nosso espírito, na esteira dos séculos, para que o tempo nos reajuste, em nome do eterno Pai...

Fonte de água pura — não lhe viciemos o manancial.

Campo da renovação — respeitemo-lo.

Escada para o serviço edificante, usada na consagração do equilíbrio, conduzir-nos-á ao monte resplandecente da sublimação espiritual – não a convertamos, pois, em corredor descendente para o abismo.

Dos abusos do sacrário em que o Senhor situou o ofício divino da gênese das formas, resultam, para a Terra, aflitivas paisagens de amargura e desencanto, desarmonia e pavor.

Rendamos culto a Deus, na veneração do jardim em que a nossa existência se refaz.

Se o amor nos pede sacrifício, saibamos renunciar construtivamente, transformando-nos em servidores fiéis do supremo Bem. Se a obra do aperfeiçoamento moral nos impõe o jejum da alma, esperemos, no futuro, a felicidade legítima que brilhará, por fim, em nossas mãos.

Lei segue-nos, passo a passo

Não nos esqueçamos.

Em qualquer circunstância, recordemos que o sexo é um altar criado pelo Senhor, no templo imenso da vida.

Santificá-lo é santificar-se.

Conspurcá-lo será perdermo-nos no espaço e no tempo, descendo a escuros precipícios da morte, dos quais somente nos reergueremos pelos braços espinhosos da dor.

EMMANUEL

TERNURA E ESPERANÇA

Querida Mamãe:
Vamos orar, pois a prece é a luz sublime a clarear o caminho para o Alto. Que Deus, por seus divinos Emissários, nos proteja, fortaleza e abençoe.

Sou eu a encontrá-la, por meio do lápis, para redizer o meu carinho e a minha vigilância afetuosa.

A vida e sempre a mesma em toda parte. E, porque a criatura se encontre encarnada, isso não é razão para sentir-se isolada do agrupamento comum.

Estamos, assim, em plena romagem para a redenção, invariavelmente juntas, embora na aparência separadas por simples véu de ilusão.

Quantos sofrimentos constituem o séquito de suas experiências! Quantas chagas ocultas lhe sitiam o coração dedicado a nos todos! Todavia, se vemos o diamante emergir do carvão, a desse amálgama de trevas terrenas que recolheremos a Verdadeira luz.

Tempo virá em que a sua voz bendirá as lutas e as dores de hoje que a lucificam por dentro.

Aquela viagem sob a tempestade, a que me reportei em nosso primeiro encontro espiritual, continua...

O vento brande gelado açoite sobre a nossa embarcação. E, ao lado da tormenta que sopra no horizonte perdido, no tempo se desenha o abismo das ondas sob a nau frágil em que peregrinamos em busca da salvação verdadeira.

É o passado e o presente que se conjugam em dores atrozes, provocando o temporal das lágrimas que nos lavam a alma, nas mais recônditas profundezas. Deixe que a nuvem do firmamento das suas esperanças de Mãe se desfaça em chuva de pranto nos seus olhos fatigados. Cada gota desse orvalho divino cai sobre a terra viva do coração, fertilizando-a com bênçãos desconhecidas no mundo, para a plantação gloriosa do futuro. A Senhora tem suportado o furacão a maneira da árvore que sofre e se despedaça sem morrer, a fim de frutificar sempre.

Nós, seus filhos na vida do espírito, muito poderemos fazer ao seu lado. Construiremos, agora, um novo ninho para aguardá-la. Plantaremos flores, diferentes da Terra, para que sua senda esteja perfumada de esperanças. E cantaremos, em comunhão perfeita, a fim de que lhe seja doce o despertar...

A passagem na carne é, por vezes, um pesadelo terrível. Imaginamos que a dor é uma realidade, que o martírio é infindável e que o corpo será sempre uma cadeia inexpugnável... Entretanto, Mamãe, quando menos esperamos, surge a claridade da aurora espiritual. Termina a grande sombra, esvai-se a ilusão e a vida real começa... Enquanto o relógio diminui o nosso afastamento, continue com a mesma devoção na sementeira da caridade. Não percamos o dia, para que o tempo não nos desconheça.

Desprendamo-nos de tudo aquilo que na Terra constitua prisão, mesmo doce, para o nosso espírito.

A bondade infinita do Céu nos prepara devagarzinho, a frente da luta, procedendo a maneira do carinho maternal que não nos relega ao mau tempo, sem agasalho e sem proteção.

A verdadeira felicidade para nos não mora na Terra, assim como o contentamento perfeito de uma criança não reside na escola. O mundo em que estagiamos é casa grande de treinamento espiritual, de lições rudes, de exercícios infindáveis.

Começamos o curso pela cartilha de vagidos no berço; continuamos pela página dos sonhos e das aspirações habitualmente desfeitos e terminamos o aprendizado em enormes testemunhos de lágrimas, que valem por legítima aferição de valores do espírito.

Por isso mesmo, a nossa união tem de ser mais íntima e, sobretudo, mais intensa.

Não recue em sua marcha abençoada. Não se deixe vencer pelo desânimo.

Tempestades fatais, ciladas traiçoeiras, serpes envenenadas e pedregulhos contundentes vão sendo gradativamente vencidos por nossos pés. E, aqui nos achamos, repletas de calma e desassombro para os deveres que nos competem. Nosso lar, de semana a semana, evolui para a condição de santuário, em que a senhora é o generoso altar de amor que nos alimenta.

Com a proteção de Jesus que não nos desampara, peço-lhe distribuir as minhas lembranças com todos os nossos, rogando-lhe receber, com as minhas saudades, o coração afetuoso de sua

AGAR

SEGUE E CONFIA

Vive na eterna luz que aperfeiçoa
A compreensão da vida clara e imensa.
Servindo ao mundo, alheio a recompensa,
Cultivando a humildade terna e boa.

Seja a esperança a lúcida coroa
Com que brilhes na sombra fria e densa
Da noite da maldade e da descrença
Que perturba, destrói e amaldiçoa.

Sob as desilusões, penas e assombros,
Não sepultes teus sonhos nos escombros
Do amargo desalento que te invade!

Rota a veste de carne que redime,
Encontrarás a luz pura e sublime
No divino país da Eternidade.

Cruz e Souza

NO CORREIO DO CORAÇÃO

Minha querida filha:
Deus nos abençoe.
Não se sinta esquecida por sua mãe na viagem dolorosa.

Mãe também, sinto as penas que lhe sangram o coração e, mais acordada para a vida, em razão do milagre da morte, mais me doem suas feridas, suas amarguras, suas provações...

Ainda assim, louvemos o sofrimento que se fez nosso aguilhão de todos os dias.

É por ele que alvejamos o tecido de nossa alma, a fim de vestir, mais tarde, aquela ti pica de felicidade na festa nupcial da comunhão com Jesus. Até lá, é preciso padecer e agradecer, chorar e sorrir, trabalhar e esquecer, acolhendo os transes da existência por dádivas do Céu e desculpando a existência escura da Terra, pela claridade que as suas lutas acerbas inflamam, em nós.

De tudo o que vi no mundo, de tudo o que conheci entre os homens, só mesmo a fé e o serviço, a prova e o sofrimento, se revestem de justo valor.

Enquanto na carne, sobram enganos ao coração...

Procuramos equilíbrio nas ilusões da vida material, como se essas ilusões não passassem...

Buscamos satisfação e reconforto, segundo as convenções humanas, como se essas convenções representassem realidades.

Idealizamos a construção de um paraíso de amor com os nossos afetos, como se esses laços não pertencessem a Deus...

E, por isso, quando a ventania da experiência ruge sobre nós, raramente nos sustentamos de pé, a fim de prosseguir na subida para o melhor.

Mais feliz que eu mesma, apesar das aflições que me devastaram na Terra, você tem visto a tempestade de perto, sabendo dignamente atravessá-la.

Não perca sua coragem e sua confiança, sua submissão ao Céu e sua paciência de cada dia.

A fé viva é uma lâmpada que não se apaga quando sabemos oferecer-lhe o combustível de nossa humildade, perante o Senhor.

Não tema, diante dos obstáculos.

Lembre-se da transitoriedade de tudo! Nosso lar, que era um ninho, nossas afeições que eram oásis de alegria, nossos projetos que eram alimento da alma e nossas realizações domésticas que pareciam verdades inamovíveis também passaram...

Eu, às vezes, penso que a reencarnação dos seres que se amam, em abençoados grupos familiares, é semelhante a breve reunião de viajores num recanto pacífico da Praia...

Por algum tempo, é possível a continuidade da comunhão de vistas e esperanças naqueles que se entrelaçam; mas, logo após, o mar que nos deve exercitar as forças em ondas fortes, se incumbe de separar temporariamente os que se harmonizam uns com os outros, a fim de que a romagem de aprendizado alcance os seus fins, no fortalecimento do espírito.

Graças a Jesus, você tem vencido galhardamente os choques e as surpresas da travessia laboriosa...

E esteja certa de que, enquanto suas mãos estiverem acariciando a cruz que o Senhor nos concede, por valioso salva-vidas, no oceano irado das provações, sua viagem continuará sempre iluminada pelo sol bendito da divina Proteção a conduzi-la até o perto seguro da paz definitiva, em que abnegados amigos a esperam, solícitos e amorosos. E guarde igualmente a convicção de que estamos ao seu lado, auxiliando-a em todos os lances difíceis, para que a vejamos, enfim, afortunada e vitoriosa.

Minha filha, por mais inquietantes sejam os tropeços, não desanime, recordando que mais tem Deus a nos dar.

O celeste Amor não se empobrece. Quanto mais buscamos das mãos de nosso Pai, maiores suprimentos nos reserva Ele as nossas necessidades.

Descanse, atenda a saúde e continuemos dando o melhor de nós mesmas na plantação do bem.

A dor é senda para a alegria.

O pranto é a preparação do sorriso.

A saudade é a esperança que sofre.

Tomemos Jesus por nosso condutor infalível e avancemos.

Distribua minhas lembranças com todos os nossos e, conchegando você ao meu coração, peço-lhe guardar, como sempre, todo o carinho, todo o reconhecimento e todo o amor de sua mãe,

Isabel

ALEGRIA

Não olvides que o mundo é um palácio de alegria onde a Bondade do Senhor se expressa jubilosa.

O sol desce sobre o pântano em sublime exaltação de luz. A flor endereça ao firmamento permanente mensagem de perfume. O vento que toca a essência das árvores é um cântico de ninar...

A fonte corre sobre a areia e desliza sobre o pedregulho com a serenidade de quem exerce um divino mandato; a semente vence a sombra da cova fria, convertendo-se em lavoura de esperança; e a espiga madura sofre o processo de trituração com a digna humildade de quem se vê feliz no enriquecimento da mesa...

Não te esqueças, assim, de que a alegria e o nosso dever primordial, no desempenho de todos os deveres que a vida nos assinala.

Se trabalhas, sê contente na obrigação que te engrandece e renova, para que o estímulo reine em torno de teus passos; se repousas, que o teu pensamento vibre a felicidade da alma fiel ao bem, para que a tua atmosfera mental seja ninho de bênçãos.

Se sofres, sê otimista com a esperança; se lutas, não percas a lâmpada milagrosa da fé viva que te clareia a senda para a vanguarda da luz!

Se falham teus sonhos de estabilidade na Terra, usa a paciência construtiva que te reserva bênçãos maiores do amanhã que desconheces; se tudo é desequilíbrio e flagelação ao teu lado, se feliz com a tua esperança a irradiar-se em orações silenciosas de compreensão e de amor.

Deus legou-nos a alegria por divina herança no mundo.

Trabalha, procurando-a e, hoje mesmo, o nevoeiro da amargura dissipar-se-á em teu caminho, porque pela graça do serviço de nossos semelhantes, a alegria nascerá dentro de nós mesmos, transformando-se em estrela divina a fulgurar imorredoura em nosso próprio coração.

JOSÉ DE CASTRO

IDE E PREGAI

Ide e acendei, cantando, o sol do Novo Dia
Na graça da verdade augusta e soberana,
Estendendo, em Jesus, o amor que nos irmana,
Para a glória da paz, do bem e da alegria.

Ao clarão do Evangelho, a treva densa e fria,
Na vastidão hostil da iniquidade humana,
Em que a Terra mortal chora e se desengana,
Converte-se em lição de bondade e harmonia.

Ide e pregai, com Cristo, o excelso Mundo Novo,
Soerguendo e amparando o coração do povo!
Serviço é tradução da luz que nos governa.

Instruí, consolai e erguei na luta Imensa.
E, ainda agora entrareis, por santa recompensa,
No Reino do Senhor, em Majestade Eterna.

AMARAL ORNELLAS

MEDIUNIDADE NO LAR

Não abandones a tarefa mediúnica no lar, a pretexto de te encontrares em círculo reduzido.

Muita vez, a popularidade não passa de amargosa provação.

Ainda que te encontres, ao lado de um ou dois companheiros somente, reúne-te com eles, em nome do Senhor, que designará mensageiros de amor e luz para o serviço de amparo ao teu esforço no bem.

Como realizar a grande jornada se não nos dispomos a dar os passos do início?

As gotas d'água fazem o grande rio e notas minúsculas compõem a sinfonia magistral.

Recorda a bênção do alívio ao desencarnado infeliz, a assistência ao companheiro que chora e a proteção criança enferma.

Lembra-te da palestra que ajuda a quem sofre; da ideia, aparentemente sem importância, que brilha, repentina, em tua boca para a solução dos problemas difíceis, do estímulo que podes acender num coração desanimado. E trabalha sempre.

Ninguém pode imaginar, enquanto na Terra, o valor, a extensão e a eficácia de uma prece, nascida na fonte viva do sentimento.

A tranquilidade, de muitos, procede sempre do esforço de alguns poucos.

A mediunidade no lar, quando ligada a inspiração do Evangelho, realiza infinitos milagres de trabalho e contentamento, bom ânimo e carinho.

Atende, acima de tudo, as lições do bem.

A caridade é Jesus conosco.

A mão que escreve um livro nobre é respeitável e generosa; todavia, a mão que socorre a um doente é sublime e santa.

O coração que compreende e ajuda, supera, em grandeza, a inteligência que estuda e ensina.

Se o abençoado instrumento da paz e da alegria daqueles que te rodeiam.

No silêncio e no anonimato do trabalho espiritual em casa, podes, hoje, semear a glória e a felicidade que, amanhã, brilharão em tua alma eternamente.

EMMANUEL

VERSÃO MODERNA

E, respondendo ao companheiro que lhe havia solicitado a tradução do Sermão do Monte, em linguagem moderna, o velhinho deteve-se no capítulo cinco do apóstolo Mateus, com voz cheia e vibrante:

— Bem-aventurados os pobres de ambições escuras, de sonhos vãos, de projetos vazios e de ilusões desvairadas, que vivem construindo o bem com o pouco que possuem, ajudando em silêncio, sem a mania da glorificação pessoal, atentos à vontade do Senhor e distraídos das exigências da personalidade, porque viverão sem novos débitos, no rumo do Céu que lhes abrirá as portas de ouro, segundo os ditames sublimes da evolução.

— Bem-aventurados os mansos, os delicados e os gentis sem reclamação e sem gritaria, suportando a maledicência e o sarcasmo, sem ódio, compreendendo nos adversários e nas circunstâncias que os ferem, abençoados aguilhões do socorro divino, a impeli-los para diante, na jornada redentora, porque realmente serão consolados.

— Bem-aventurados os mansos, os delicados e os gentis que sabem viver sem provocar antipatias e descontentamentos, mantendo os pontos de vista que lhes são peculiares, conferindo, porém, ao próximo, o mesmo direito de pensar, opinar e experimentar de que sentem detentores, porque, respeitando cada pessoa e cada coisa em seu lugar, tempo e condição, equilibram o corpo e a alma, no seio da harmonia, herdando longa permanência e valiosas lições na Terra.

— Bem-aventurados os que têm fome e sede de justiça. Aguardando o pronunciamento do Senhor, por meio dos acontecimentos inelutáveis da vida, sem querelas nos tribunais e sem papelórios perturbadores que somente aprofundam as chagas da aflição e aniquilam o tempo, trabalhando e aprendendo sempre com os ensinamentos vivos do mundo, porque, efetivamente, um dia, serão fartos.

— Bem-aventurados os misericordiosos, que se compadecem dos justos e dos injustos, dos ricos e dos pobres, dos bons e dos maus, entendendo que não existem criaturas sem problemas, sempre dispostos à obra de auxílio fraterno a todos, porque no dia de visitação da luta e da dificuldade receberão o apoio e a colaboração de que necessitem.

— Bem-aventurados os limpos de coração que projetam a claridade de seus intentos puros sobre todas as situações e sobre todas as coisas, porque encontrarão a "parte melhor" da vida, em todos os lugares, conseguindo penetrar a grandeza dos propósitos divinos.

— Bem-aventurados os pacificadores que toleram sem mágoa os pequenos sacrifícios de cada dia, em favor da felicidade de todos, que nunca atiçam o incêndio da discórdia com a lenha da injúria ou da rebelião, porque serão considerados filhos obedientes de Deus.

— Bem-aventurados os que sofrem a perseguição ou a incompreensão, por amor à solidariedade, à ordem, ao progresso e a paz, reconhecendo, acima da epiderme sensível, os sagrados interesses da humanidade, servindo sem cessar ao engrandecimento do espírito comum, porque, assim, se habilitam à transferência justa para as atividades do Plano superior.

— Bem-aventurados todos os que forem dilacerados e contundidos pela mentira e pela calúnia, por amor ao ministério santificante do Cristo, fustigados diariamente pela reação das trevas, mas agindo valorosos com paciência, firmeza e bondade pela vitória do Senhor, porque se candidatam, desse modo, à coroa triunfante dos profetas celestiais e do próprio Mestre que não encontrou, entre os homens, senão a cruz pesada, antes da gloriosa ressurreição.

A essa altura, o iluminado pregador passeou o olhar percuciente e límpido sobre o nosso grupo e, finda a ligeira pausa, fixou nos lábios amplo e belo sorriso, rematando serenamente:

— Rejubilem-se, cada vez mais, quantos estiverem nessas condições, porque, hoje e amanhã, são bem-aventurados na Terra e nos Céus...

Em seguida, retomou o passo leve para a frente, deixando-nos na estranha quietude e na indagação imanifesta de quem se dispõe a pensar.

Irmão X

VERSOS AOS ENFERMOS

Escuta a provação que te visita,
Na estreita cruz do leito que te isola,
E recebe, na dor, a santa esmola
Da bondade de Deus, pura e infinita.

Bendita seja a lágrima!... Bendita
A ulceração que punge e desconsola!...
Glorifiquemos a sublime escola
Que encontramos na carne enferma e aflita.

Enquanto o corpo chora e desfalece,
Usa a meditação, a calma e a prece
No reconforto da alma dolorida...

Sofre, louvando as privações e as chagas
E encontrarás, na sombra em que te esmagas,
A eterna claridade de outra vida.

Jésus Gonçalves

DO CORAÇÃO MATERNO

Meu filho:

Jesus nos abençoe.

Muito satisfeita com a sua jornada de luz, peço a Deus enriquecer o seu caminho de paz e trabalho, como sempre.

Meu filho, a caridade será sempre o nosso templo de salvação.

Seus altares são os corações necessitados do próximo, onde podemos e devemos acender o círio de nossa devoção ao supremo bem.

Agora, nos anos últimos, sinto que encontramos na sublime virtude o nosso abençoado santuário de serviço, para as tarefas que nos cabe realizar...

Aí, na Terra, espessa é a neblina que nos obscurece a visão, quando nos falha o esclarecimento justo. Venerável é a Igreja que nos orientava a fé religiosa, pelos seus títulos do passado; mas a Igreja, a que servimos noutro tempo, é semelhante a um palácio brilhante; todavia, sem calor que nos aqueça o espírito enregelado nas experiências do mundo.

Como desejaria, hoje que consigo divisar alguma luz, conduzir aos nossos o archote aceso de nova esperança; contudo, meu filho, qual acontece a você mesmo, sou constrangida a esperar o tempo, contando com a divina Misericórdia!

Não esmoreçamos, porém. O mesmo Benfeitor celestial que nos atendeu as necessidades há de socorrer aqueles a quem amamos. Nesse sentido, esperarei sempre pela sua boa vontade, seu carinho e seu sacrifício! Companheiro e filho ao mesmo tempo, seus braços me auxiliarão a remover os tropeços da senda, para que a luz de um novo entendimento felicite os corações inolvidáveis que marcham para a frente, ao lado dos nossos.

Sinto-me renovada e fortalecida ao seu lado, na tarefa de assistência aos nossos irmãos menos felizes. Creia que o seu esforço, no amparo aos nossos irmãos hansenianos, constitui, para sua mãe, uma bênção do Céu.

Avancemos, meu filho!

Distribuamos o amor de Jesus por meio dos recursos ao nosso alcance. Sustentemos a chama sem nos voltarmos para trás.

Jesus é o nosso divino Guia.

Nada temamos. No dever bem cumprido, reside a nossa vitória.

Receba, pois, com as minhas saudações aos nossos amigos presentes, todo o coração cheio de carinho e de saudades de sua mãe e serva de sempre,

LAURINDA

NOSSO "EU"

Nosso "eu" é uma concha de trevas que não nos deixa perceber, senão a nós mesmos.

Espelho mentiroso, que a vaidade forja na esfera acanhada de nosso individualismo, reflete exclusivamente os nossos caprichos e os nossos desejos, impedindo a penetração da luz.

Aí dentro, nossas dores, nossas conveniências e nossos interesses, surgem sempre exagerados, induzindo-nos à cegueira e ao isolamento.

Mas o Senhor, que se compadece de nossas necessidades, concede-nos, com a cruz de nossas obrigações diárias, o instrumento da libertação. Suportando-a com fé e valor, entre os dons da confiança e as bênçãos do trabalho, crucificamos, cada dia, uma parcela de nossa personalidade inferior, a fim de que nosso espírito – gema preciosa e eterna dos tesouros de Deus – possa ser lapidado para a imortalidade gloriosa.

MEIMEI

BILHETE DE NATAL

Meu amigo, não te esqueças,
Pelo Natal de Jesus,
De cultivar na lembrança
A paz, a verdade e a luz.

Não olvides a oração
Cheia de fé e de amor,
Por quem passa, sobre a terra,
Encarcerado na dor.

Vai buscar o pobrezinho
E o triste que nada tem...
O infeliz que passa ao longe
Sem o afeto de ninguém.

Consola as mães sofredoras
E alegra o órfão que vai
Pelas estradas do mundo
Sem os carinhos de um pai.

Mas escuta: Não te esqueças
Na doce revelação,
Que Jesus deve nascer
No altar do teu coração.

CASIMIRO CUNHA

MÃE, REANIMA-TE!

Minha amiga, minha irmã!
Com o temporal, a natureza purifica a atmosfera.
Com o orvalho, o céu alimenta a natureza.

Também com a chuva de lágrimas, o Senhor regenera nossas almas e com o rocio da oração conseguimos amenizar a secura do caminho que nos conduz ao Pai celestial.

Inclinemo-nos à frente dos divinos desígnios. Nossa marcha redentora para Deus, quando subimos pela escarpa do reajuste, desdobra-se entre espinheiros e vertigens da ascensão.

Escolheste o sublime roteiro das Mães! Mãe pelo sacrifício de todos os sonhos e pela renuncia a toda a felicidade menos construtiva no mundo!

Começaste sofrendo no berço e, embora esperando a materialização do castelo de ventura arquitetado na meninice, conheceste a benção do matrimônio, nele buscando a coroa da maternidade dolorosa e santificante. Acolheste, nos braços, velhos tesouros que velaste na eternidade, sob as flores de tuas melhores esperanças...

Nos braços, acalentaste esses companheiros do grande caminho, nutrindo-os na fonte de teu amor.

Afigurava-se-te o mundo, em quanto podias detê-los de encontro ao coração sensível e generoso, um templo em que as tuas dores se glorificavam na confiança e no otimismo, na expectação e na fé viva, à frente do futuro. Entretanto, se havias igualmente chamada à educação dos filhos alheios, eras, para os felizes rebentos de tua ternura, não apenas Mãe pela carne, mas também a amiga constante e a instrutora ideal.

É por isso que, hoje, a concha de teu devotamento parece esvaziar-se, torturada aos golpes da aflição... É por esse motivo que agora, por mais fulgure a luz solar, conclamando-te à alegria, sentes o coração sepultado nas sombras do peito, á maneira do nau desmantelada pela tormenta, a mergulhar-se sob a pesada corrente do mar revolto...

Somos, porém, uma família de muitos laços afetivos e não nos perderemos uns dos outros.

Prometemos fidelidade ao Amigo eterno, que jamais nos desamparou, e, nas horas difíceis, entrelaçamos as próprias mãos para o justo soerguimento...

Aqueles que nos seguem, de longe e de perto – chaves celestes de nossos destinos – não nos relegarão à fúria da tempestade.

Seguem-nos com o carinho das afeições indestrutíveis, que o tempo somente consegue fortalecer e reavivar.

Teu espírito atormentado não cairá...

Em companhia de Jesus, muitas vezes, conhecemos realmente a solidão; contudo. Jamais o abandono.

O amor inextinguível, por abençoado farol em nossa viagem, brilhará sobre os rochedos, indicando-nos o rumo certo.

Continua içando o estandarte de tua confiança em deus, além do todos os percalços e tentações.

Achamo-nos, efetivamente, na batalha...

Batalha fora de nós e dentro de nós. Combate que assume aspectos diferentes, cada dia, pela dor e pelas provações com que somos defrontados... Mas na vanguarda vitoriosa, temos o Mestre da Cruz que nos espera com o galardão da paz obtida, ao preço de lágrimas e suor; e, na retaguarda, possuímos benfeitores abnegados que nos suprem com todos os recursos necessários para que não venhamos a parecer.

Armados pela graça divina, prossigamos em luta... é possível que, em baixo, nos reinos inferiores de nossas velhas dívidas, vejamos nossos apetrechos terrestres reduzidos a frangalhos; é possível que não nos caiba, perante os homens ávidos de conquistas efêmeras, senão o terrível quinhão da amargura; entretanto, é sobre as ruínas fumegantes do passado que construiremos nosso luminoso futuro.

Não importa que o coração de carne padeça na forja da renovação; não faz diferença o agravo da tortura moral na Terra, desde que nosso espírito, levantado para Jesus, nele espere a própria sublimação em novo dia...

Reanima-te!

Não nos faltará a divina Misericórdia. Tudo na vida é propriedade do Todo-Poderoso... De nós mesmos, apenas dispomos da própria alma que nos compete aprimorar a vida eterna. Edifiquemos, pois, no próprio espírito, o santuário da compreensão e da humildade, do aperfeiçoamento e do amor. E a Vontade dele exteriorizar-se-á, através de nós, onde estivermos em favor de nosso próprio engrandecimento.

EMMANUEL

PÁGINAS DE SAUDADE E TERNURA

Minha querida filha:

Deus abençoe a vocês todos, concedendo-lhes muita saúde, alegria e paz.

Suas preces e pensamentos me buscam, na vida espiritual, como vivos apelos do coração.

Nossas lágrimas de saudade se confundem.

Morrer, minha filha, não é descansar, porque o amor, principalmente das mães, é sempre uma aflição permanente do espírito.

Ainda não pude habituar-me à ideia de que nos separamos, no mundo, apesar de sentir-me amparada, incessantemente, por minha mãe e pelo carinho de seu pai.

Quando você se encontra a sós, pensando... Pensando... Muitas vezes, sou atraída por suas meditações, e, em sua companhia, revejo nossos dias escuros e difíceis em minha viuvez iniciante. Uma ansiedade dolorosa me constrange o coração, nesses encontros...

É que desejava fazer-me visível aos seus olhos e acariciar seus cabelos, como em outro tempo. Em vão, procuro dizer a você, que estou viva, que a morte é ilusão. Inutilmente busco um meio de arrancá-la das reflexões tristes, arrebatando-a das sombras íntimas, para restituir seu espírito à alegria; mas sou forçada a receber suas perguntas doloridas e esperar...

Filha do meu coração, rogo-lhe se reanime.

Não estamos separadas para sempre.

O túmulo é apenas uma porta que se abre no caminho da vida, da vida que continua sempre vitoriosa.

Quando você puder, interesse-se pelos estudos da alma eterna.

Guarde a sua fé em Deus, como lâmpada acesa para todos os caminhos do mundo.

Tudo na terra é passageiro.

Ainda ontem estávamos juntas, conversando, unidas, quanto aos nossos problemas; e, hoje, tão perto pelo coração, mas tão longe pelos olhos da carne, uma da outra, somos obrigadas a colocar a saudade e a recordação no lugar da presença e da comunhão mais íntima, em nossa alma.

Tenha paciência, minha filha, e nunca perca a serenidade.

Estarei com você, em todos os seus passos.

Abraçada às suas orações e às lembranças carinhosas, que me fortalecem para a jornada nova, e rogando a você muita tranquilidade e confiança em Deus, sou a mamãe muito amiga, que vive constantemente com você pelo coração.

NOÊMIA

TRAJETÓRIA

Venho do núcleo imbele da albumina.
Num milhão de sombras avatares,
Pólipo de comunas celulares
Que a lei organogênica domina.

Avancei dos recôncavos da mina
Ao charco morno que reveste os amores...
E errei nas selvas multisseculares
Com sede e fome de carnificina.

Venho do zero cósmico profundo,
De pavorosas ténebras do mundo,
Estrangulando os vínculos das eras.

E, nas lutas sem fim que me consomem,
Tenho o orgulho bastardo de ser homem
Sobre o instinto medonho das panteras!

*

Mas, além do pretérito que humilha,
Meu ser antropocêntrico em batalha,
Surge um sol flâmeo e belo que se espalha
Por celeste e ignota maravilha.

É o anjo – homem – Cristo que perfilha
O homem-lobo que, em mim, veste a mortalha

Da fera que ainda ruge e se estraçalha
Sob a treva em que a lágrima não brilha...

Desce, ó Divina Luz, aos meus escombros,
Põe a cruz de verdade nos meus ombros,
Prende-me os punhos ao calvário adverso!

Esmaga em mim a hiena taciturna,
Arrebata-me aos pântanos da furna
Para a glória divina do universo.

AUGUSTO DOS ANJOS

A CRIANÇA

Ampara teu filho, ainda hoje, conduzindo-o nas veredas do bem, a fim de que não lhe chores a perda, amanhã, nas constantes arremetidas do mal.

BEZERRA DE MENEZES

Se desejas teu caminho
Repleto de paz e luz,
Traze o amor de teu filhinho
Ao santo amor de Jesus.

JOÃO DE DEUS

A criança é a sementeira do porvir.

ISMAEL SOUTO

Quando a civilização abandona a criança, a decadência está próxima.

JOSÉ DE CASTRO

A terra é a nossa grande casa de ensino. Conservar a criança sem educação dentro dela é tão perigoso quanto abrir uma escola para a consagração da indisciplina.

AURA

Faze da infância que te segue o exemplo
O sublime alicerce do amor puro,
Em que possas construir o Lar e o Templo
Do divino Futuro...

CÁRMEN CINIRA

A redenção da humanidade terá começo no caráter da criança ou o sofrimento dos homens não terá fim.

ISABEL CINIRA

Não deixes teu pequenino
Caprichoso ou desatento.
Menino mal-educado
É demônio em crescimento.

CASIMIRO CUNHA

Os pediatras fazem a raça dos atletas, mas os professores constroem a comunidade dos homens de bem.

AGAR

Não olvides que a primeira escola da criança brilha no lar. Abre teu coração à influência de Cristo, o divino Escultor de nossa felicidade, a fim de que o menino encontre contigo os recursos básicos para o serviço que o espera na edificação do reino de Deus.

EMMANUEL

CORAGEM

Conservar a coragem por luz acesa, no centro de nossa alma, é serviço que apenas a fé invencível consegue realizar.

Coragem de transpor os espinheiros e os charcos da jornada humana...

Coragem de sorrir compadecidamente para aqueles que nos magoam...

Coragem de ajudar aos que nos ferem...

Coragem de recomeçar a construção dos nossos ideais sobre as ruínas de nossos próprios sonhos...

Coragem de prosseguir amando aqueles que se convertem, irrefletidamente, em adversários gratuitos de nossa paz...

Coragem de usar a tolerância para o mal dos outros e de aplicar a justiça para com o mal de nós mesmos...

É para essa coragem que Jesus nos chama, da cruz de sacrifício em que nos legou o supremo perdão.

É preciso saber com Ele "tudo perder para tudo encontrar".

E, nas chagas de cada dia, sobre a Terra, surpreendemos o abençoado ensejo de alijar as sombrias cargas de nosso pretérito culposo para fruir a verdadeira felicidade a que o Céu nos destina.

Para alcançarmos semelhante vitória, porém, é necessário que a coragem seja a nossa companheira de todos os instantes no pedregoso caminho de nossa ascensão.

Não podemos dispensar o bom ânimo nas tarefas a que fomos arrebatados.

Procuremos observar a vida não como a "existência fragmentária do século", mas sim em sua totalidade sublime. E estejamos certos de que na contemplação dessa realidade, viveremos conformados ante os Desígnios de Deus que, pouco a pouco, ante a extinção das causas de nossos padecimentos morais, nos modificarão a estrada no rumo bem-aventurado do porvir.

AGAR

NA LEMBRANÇA DOS MORTOS

Das sombras, onde a Morte se levanta.
– Enlutada madona do poente –
Também procede a luz resplandecente
Da verdade imortal, profunda e santa.

No túmulo, o mistério se agiganta,
Torturando a razão desfalecente...
Em seu portal, o Sol volta ao nascente.
E a vida generosa brilha e canta.

Oh! Ciência, que sondas de mãos cegas,
Em vão procuras Deus! Debalde negas!...
A miséria de luz é o teu contraste.

Além da morte, encontrarás, chorando,
O quadro doloroso e miserando
Dos monstros pavorosos que criaste.

ANTHERO DE QUENTAL

HIGIENE ESPIRITUAL

Ante os detritos da maledicência, usemos a vassoura das boas palavras.

Ante o lixo do sarcasmo, cavemos a fossa do silêncio.

Ante os vermes da crueldade, mobilizemos os antisséticos do socorro cristão.

Ante o vírus da cólera ou da irritação que nos defrontar nas frases ou nas atitudes alheias, pratiquemos a profilaxia da prece.

Ante os tóxicos do pessimismo negrejante, acendamos claridade do bom ânimo.

Ante o veneno da ociosidade, mobilizemos os nossos recursos de serviço.

Ante as serpes da incompreensão, realizemos. mais vasto plantio de caridade.

Ante os micróbios da desconfiança, incentivemos a nossa sementeira de boa vontade e fé.

Ante a erva sufocante dos conflitos de opinião, refugiemo-nos na boa vontade para com todos, que procura garantir o bem, acima de tudo.

Ante as perigosas moléstias do amor próprio ferido, expressar-se no corpo e na alma, através de mil modos, pratiquemos o perdão incondicional e incessante.

Jesus não é somente o nosso divino Orientador.

É; também o divino Médico de nossa vida.

Procuremos, pois, no Evangelho, as justas instruções para nossa higiene espiritual e alcançaremos a nossa higiene espiritual e alcançaremos a harmonia para sempre.

André Luiz

PARA VOCÊ, MÃEZINHA...

Mãezinha querida:
No seu dia abençoado, quando tantos salões se abrem, festivos, para glorificarem seu nome, quero contar-lhe que é em você que eu penso todos os dias,

Quando volto à casa, depois dos estudos, com os dedos manchados de tinta, penso em você para guardar meus livros e lavar minhas mãos,

Quando alguém me aborrece ou magoa, corro para você com o desejo de ocultar-me em seu colo,

Quando o cansaço me encontra, cada noite, busco você para dormir tranquilamente,

Mãezinha, quando eu errar, não me abandone...,

Ampare-me nas asas doces dos seus braços e ensine-me a andar no caminho reto,

Você ainda não viu quanto a amo? Fico triste se você chora e estou alegre quando você sorri,

Por onde vou, sua imagem está sempre comigo, porque você é o Anjo que Deus colocou na Terra para guiar-me os passos,

Adoro você, estou em seu carinho, como a flor no coração amoroso da árvore...

Por isso, Mãezinha querida, penso em você, não somente hoje, mas sempre, eternamente...

MEIMEI

PERDOA, TRABALHA E AMA

Meu filho: achaste na estrada
Angústia, miséria e lama?
Esquece o espinho e a pedrada
Na doce paz de quem ama.

A jornada transformou-se
Em verdadeira batalha?
Conserva a tema alegria
De quem espera e trabalha.

Teus amados esqueceram
A vida singela e boa?
Guarda a atitude amorosa
Do coração que perdoa.

Se buscas a Luz Divina
A que o Mestre nos conclama,
A todo o instante do dia,
Perdoa, trabalha e ama.

João de Deus

RENOVEMO-NOS DIA A DIA

... Transformai-vos pela renovação de vossa mente, para que proveis qual é a boa, agradável e perfeita vontade de Deus.

(ROMANOS, 12:2)

Não adianta a transformação aparente da nossa personalidade na feição exterior.

Mais títulos, mais recursos financeiros, mais possibilidades de conforto e maiores considerações sociais podem ser simples agravo de responsabilidade.

Renovemo-nos por dentro.

É preciso avançar no conhecimento superior, ainda mesmo que a marcha nos custe suor e lágrimas.

Aceitar os problemas do mundo e superá-los, à força de nosso trabalho e de nossa serenidade, é a fórmula justa de aquisição do discernimento.

Dor e sacrifício, aflição e amargura, são processos de sublimação que o Mundo maior nos oferece, a fim de que a nossa visão espiritual seja acrescentada.

Facilidades materiais costumam estagnar-nos a mente, quando não sabemos vencer os perigos fascinantes das vantagens terrestres.

Renovemos nossa alma, dia a dia, estudando as lições dos vanguardeiros do progresso e vivendo a nossa existência sob a inspiração do serviço incessante.

Apliquemo-nos à construção da vida equilibrada, onde estivermos, mas não nos esqueçamos de que somente pela execução de nossos deveres, na concretização do bem, alcançaremos a compreensão da vida, e, com ela, o conhecimento da "perfeita vontade de Deus", a nosso respeito.

EMMANUEL

EM PLENA RENOVAÇÃO

Querida Mamãe:
Eis-me aqui, pontual, para o nosso encontro, através do lápis.
Sinto-me feliz com as suas horas de refazimento. Tão grande é a luta e tão inquietantes os problemas que nos asfixiam o tempo, nos círculos dos mais amados, que naturalmente, de quando em quando, é imprescindível a pausa de repouso para a restauração.

Não sei bem se posso julgar em minha inexperiência, mas, por vezes, pergunto a mim mesma, se a Terra não será uma casa incendiada, reclamando socorro...

Por toda parte multiplicam-se aflições e conflitos. Dores incontáveis sitiam as criaturas, em todos os lugares...

Entretanto, Mamãe, o quadro escuro tem ensinado novas lições ao meu espírito, compelindo-me a buscar a verdadeira luz para clarear o caminho.

Essa luz é a oração, o fio misterioso que nos coloca em comunhão com as esferas divinas.

Pela prece encontramos o remédio salutar para as nossas feridas, bálsamo para as nossas dores, equilíbrio para as nossas emoções atormentadas.

Creio, hoje, que alta percentagem das moléstias que perseguem a saúde dos homens é perfeitamente curável pela oração, uma vez que a maioria das afecções orgânicas são simples quedas espirituais de nossa própria alma, nos caminhos do coração.

Vejo-me, felizmente, mais forte, mais senhora de mim mesma. Presentemente, o ideal de trabalhar, em meu próprio reajuste, absorve-me a vida.

Não tenho descansado. Sinto a necessidade de caminhar para frente, de abrir novas rotas e descobrir horizontes novos. Esforço-me na reconquista de mim própria.

Não tive tempo de viver suficientemente, na posição de médica, para desaprender certos enganos que a ciência nos impõe, nos bancos acadêmicos, razão pela qual hoje me desvelo na recomposição dos meus conhecimentos.

A senhora ainda é a minha instrutora maior, porque se a paciência me ajudou a vencer alguns capítulos difíceis de minha passagem pelo corpo, devo-a aos seus exemplos incessantes de paz, tolerância, renúncia e carinho.

Há situações das quais, realmente, não nos compete o conhecimento deliberado. É preciso ignorar a existência de certos flagelos para que possamos cooperar em sua extinção.

Sejam a serenidade e a fé nossas companheiras de viagem.

Tenhamos confiança no Céu. De lá, vem todo o suprimento de que necessitamos para o desempenho fiel de nossas obrigações.

Seus pensamentos me alcançam como chuva de flores a se despetalarem sobre mim.

A fé é o guia sublime que, desde agora, nos faz pressentir a glória do grande futuro, com a nossa união vitoriosa para o trabalho de sempre.

Agradeçamos a Terra pelas dores que nos deu... O mundo que conhecemos é somente degrau e o corpo e pesada roupagem de serviço que, por determinado tempo, devemos utilizar, com o respeito e reconhecimento, a benefício de nossa própria redenção.

Com lembranças a todos os nossos, beija-lhe o coração e pede a senhora que a abençoe, a filha muito reconhecida e muito amiga:

APARECIDA

VAI, IRMÃ

Vai, minha boa irmã, segue, aproveita
A existência esposada com Jesus!...
Atende ao pobrezinho, aos órfãos nus,
Não desprezes os bens da "porta estreita".

É feliz para sempre a alma que aceita
O testemunho em lágrimas da cruz.
A dor do sacrifício é como a luz
Que abre o caminho para a "vida eleita".

Guarda a esperança para a vida em fora,
Sê a verdade e o bem para quem chora,
Não te atormente a estrada mais sombria.

Vence as tristes jornadas escabrosas,
E hás de ver a manhã de luz e rosas
Na claridade eterna da alegria!...

AUTA DE SOUZA

DOCE BILHETE

Meus queridos pais:
Por mais me esforce, não consigo arrancar do lápis a nota de minha alegria em lhes comunicando o reconhecimento e o júbilo que me vão dentro d'alma.

Creio, hoje, que as mais belas expressões da natureza, no mundo, são silenciosas e mudas, porque a palavra talvez lhes desfigure a beleza.

O sol, a fonte, a árvore e a flor não falam. Irradiam a luz, a harmonia, a beleza e o perfume por mensagens intraduzíveis da sua gratidão ao Senhor.

É assim nossa alma, quando a morte nos despoja do corpo denso, revelando-nos as realidades sublimes que nos cercam.

Por esse motivo, não posso falar-lhes do regozijo com que desejaria expressar-me.

A emoção eleva-se, majestosa, do meu coração até o cérebro; mas, quando tento arremessá-la através da escrita humana, desaponta-me a pobreza dos recursos de manifestação íntima ao nosso dispor na Terra.

Mamãe, não ignoramos a sua renunciação por nós todos no mundo. Seu devotamento tem sido o manancial cristalino de água pura a banhar-nos a plantação de fé e entendimento. Todos nós nos sentimos imantados à sua ternura que representa, para nós, suave alimento. Nos dias escuros, o seu carinho foi nossa claridade invariável e, nas horas claras da esperança, o seu amor foi sempre o nosso estímulo. Continue sem descanso em sua sementeira de caridade.

Hoje sabemos, com mais segurança e precisão, quanto vale a sua confiança em Deus a benefício de nosso grupo familiar. E pedimos à sua dedicação jamais confiar-se à incerteza ou a dor, ao desalento ou à indecisão.

Além dos nossos, a sua e a nossa família espiritual crescem constantemente, em busca de nosso concurso fraterno e, desse modo, desejamos sabê-la forte e bem disposta para todas as tarefas que o senhor nos confiou.

Não pense estejamos distantes. Vivemos unidos em espírito, na mesma faixa de serviço e compreensão.

A sua bondade tem sido o instrumento de muitos para muito e, mais que nunca, precisamos de sua coragem e de sua devoção ao bem para o trabalho que nos cabe desenvolver.

Daqui, do mundo novo, a que fui conduzido pelos nossos Maiores, trago-lhes as rosas sem espinhos do nosso afeto, que não morreu.

A morte nos mergulha no sono por algumas horas, para arrebatar-nos, depois, à benção do dia.

Tudo é vida a estender-se sem fim.

Tudo é grandeza divina, a dilatar-se perante os nossos olhos, do grão de areia aos mundos distantes nos confins do universo.

Não permitamos que a tristeza se avizinhe de nós.

Deus é Sol de amor, que nunca se apaga. E a vida é o coro de alegrias eternas que lhe flui do coração.

Reunindo todos os nossos no mesmo abraço de carinho e de amor, saudade e confiança de todos os dias, sou o filho que lhes pede a benção e que lhes beija as mãos com muita ternura e reconhecimento.

ITAMAR

NA TAREFA DE EQUIPE

Meu amigo:

Não tema, nem receie.

O timoneiro do barco é o Senhor. Coloquemos sobre o leme as nossas mãos e esperemos, nele.

O trabalho é delicado na administração, mas se a glória humana pertence àqueles que a procuram, a humildade divina é dos corações que a buscam.

Despreocupados do império do "eu", alcançaremos o reino de Deus.

O discípulo fiel não pede, nem rejeita. Aceita as determinações do Senhor, com deliberação ardente de obedecer para maior exaltação de quem tudo nos deu.

Continuemos, assim, de esperanças entrelaçadas.

O amor do amigo verdadeiro desce abaixo das raízes ou se eleva acima das estrelas. Por isso, o Mestre chamou "amigo" aos aprendizes da hora primeira.

Nossa união tem imperativos a que não poderemos fugir. Subiremos com a graça celeste. Não descansaremos, até que todos respirem no cimo do monte.

O cascalho do personalismo excessivo ainda é o grande impedimento da jornada. Demora-se nas bases da senda e por isso mesmo nos dilacera. Contudo, ainda que nossos pés sangrem na estrada, recordar-nos-emos de que Jesus lavou os pés dos discípulos e purificou-os.

Haja mais amor nos corações para que o rio das dádivas transite no santuário, sem prejuízo do bem coletivo. Até mesmo para receber a felicidade é preciso preparação. Sem vaso adequado, os bens do Alto se contaminam com as perturbações do campo inferior, qual acontece à gota diamantina que se converte em lama quando cai na poeira da Terra.

Grande é a missão do templo do bem; e os irmãos que oficiam em seus altares não lhe podem esquecer as finalidades sublimes.

"Muito se pedirá àquele que muito recebeu".

E o mesmo grupo não se constitui ao acaso.

Trabalhemos servindo ao bem, com esquecimento de todo mal.

Atendemos, ainda e sempre, aos nossos deveres do primeiro instante, com lágrimas de alegria. Não nos arrependeremos de haver renunciado. E possuiremos conosco, mais tarde, o supremo júbilo de reconhecer quão é o jugo do Senhor, porquanto, em companhia dele, muito leve e sublime é o peso de nossos pequeninos trabalhos na Causa da humanidade.

ANDRÉ LUIZ

RIMAS FRATERNAS

Guarda contigo o amor puro por senha
No roteiro cristão...
Ainda mesmo quando a amargura venha
Sangrar-te o coração.

Quem procura no Cristo, cada dia,
A benção de viver,
Sacrifica-se, ama e renuncia.
No perdão por dever.

Que importam desventuras no caminho,
No fel que nos invade,
Se procuramos no Celeste Ninho
A luz da eternidade?

Tudo passa na Terra e a nossa glória,
Na alegria ou na dor,
É refletir na luta transitória
A sublime Vontade do Senhor

CARMEN CINIRA

PLANTAÇÃO ESPIRITUAL

Numa só existência podem viver diversas situações.
Num só dia, é possível a prática de atos numerosos.
Numa hora apenas tua mente pode criar múltiplos pensamentos.
Não olvides que todos nós estamos plantando espiritualmente no tempo.
Cada instante, quando queremos, pode ser o começo de gloriosa renovação, tanto quanto pode representar o início de quedas e equívocos deploráveis.
Auxilia a ti próprio, produzindo o bem.
Sem que percebas, vives invariavelmente nas vidas que te cercam.
Se a mentira ou a aversão te visita, não te esqueças de que constituem os frutos de tua própria plantação.
Cada criatura reflete em si aquilo que lhe damos ou impomos.
Nas alheias demonstrações para conosco é possível analisar a qualidade de nossa sementeira.
Aprendamos a cultivar o auxílio fraterno, o trabalho construtivo, a concórdia santificante e a solidariedade fiel, através de todos os passos e de todos os minutos, porque o amanhã será resposta viva a nossa conduta de hoje, tanto quanto a bênção ou a dor de agora consubstanciam os resultados das nossas ações de ontem.
Caminha iluminando a estrada com os recursos da bondade e da alegria, convicto de que a nossa família na Eternidade é constituída de nossas próprias obras, e, desse modo, estarás organizando magníficos

moldes espirituais para as tuas novas tarefas na elevação ou na reencarnação em futuro próximo.

EMMANUEL

PÁGINA DE LOUVOR

Glória aos heróis da crença soberana
Em cujo amor a terra se redime,
Portadores da fé pura e sublime
De que a luz evangélica se ufana!

Gloria à dilacerada caravana
Que combate a impiedade a sombra e o crime,
Embora o mundo que o persegue e oprime
Sob as pedradas de miséria humana!

Louvor eterno aos grandes infelizes
Que se cobrem de estranhas cicatrizes
Sem abrigo de paz que os reconforte!

São vanguardeiros a que o Céu se ajusta
Resplandecendo de beleza augusta,
Na passagem divina, além da morte...

CRUZ E SOUZA

PERDOAR E ESQUECER

Perdoar e esquecer são as duas chaves da paz.

Se o seu caminho não encontra eco na paisagem ambiente, desculpe e olvide a indiferença do meio e avancemos para diante, ao encontro de nossas realizações.

Se o seu trabalho não consegue a retribuição dos que lhe seguem os passos no grande caminho, perdoe e esqueça, a fim de que a sua boa vontade frutifique em alegria e progresso.

Se o seu sacrifício não recolhe a compreensão dos outros, desculpe e olvide, perseverando no bem, porque o bem situar-lhe-á o espírito na vanguarda de luz.

Perdoar é o segredo sublime do triunfo na subida para Deus;

E esquecer o mal é harmonizar nossa alma com as criaturas, habilitando-nos à solução de todos os problemas.

Desprendamo-nos de tudo aquilo que a Terra constitua prisão para nossa alma, perdoando e esquecendo sempre, e encontraremos o caminho interior da grande Ascensão.

Agar

MENSAGEM DE BOM ÂNIMO

Enquanto o mundo hostil ruge e se desatina
No mal com que a si mesmo alanceia e atraiçoa,
Guarda contigo a paz risonha, amiga e boa,
E avança com Jesus na jornada divina.

Segue ostentando na alma a rútila coroa
Da humildade e do amor, na fé que te ilumina.
E abrindo o coração, qual fonte cristalina,
Aprende, ajuda e crê! Serve, luta e perdoa!...

Fita o mestre da Cruz e segue-o monte acima,
Recebe, jubiloso, a dor que te sublima
E abraça na bondade a senda meritória...

E, embora a tempestade em que a Terra se agita,
Terás contigo mesmo a beleza infinita
Da Suprema Alegria em Suprema Vitória!

AMARAL ORNELLAS

OURO E AMOR

Há expressivos depósitos de ouro nas organizações bancárias de todos os povos; e as nações continuam gemendo sob o guante da guerra.

Há toneladas de ouro no corpo ciclópico da Terra; e, na crosta planetária, há quem chore nos braços constringentes da enfermidade e da fome.

Há imensa quantidade de ouro no seio do oceano; e a dor abarca todos os continentes.

Há ouro nas casas nobres; e os pequenos castelos, da ilusória felicidade humana, padecem o assalto de extremas desilusões.

Há ouro nos templos de pedra; e os crentes da fé religiosa permanecem famintos de paz e consolação.

Há ouro na indumentária de sacerdotes e magistrados, de homens poderosos e de mulheres felizes, entretanto, os museus gelados aguardam essas peças preciosas que se movimentam no rumo do silêncio e da morte.

Acima do ouro, porém, reina o amor no coração humano; amor que sorri para os infortunados e lhes renova o bom ânimo; que trabalha para o bem comum e preserva os tesouros da vida; que se sacrifica e acende imperecível claridade para séculos inteiros; que se gasta, em serviço aos semelhantes, sem jamais consumir-se...

Não esperes, assim, pelo ouro para fazer o bem.

Desenterra o talento do amor que jaz oculto em teu peito e tua existência brilhara, para os homens, por abençoado sol de alegria e esperança.

Jesus não possuía uma caixa forte para exibir virtude, segurança e poder, mas, alçando o próprio coração na cruz, em nome do amor, converteu-se na eterna mensagem de luz que redimirá o mundo inteiro.

EMMANUEL

SANTA LEPRA[1]

No mundo, a lepra é a santa luz que exprime
A lei do Bem que salva e regenera,
Alvorecer de Eterna Primavera
Que se estende no Céu, ampla e sublime.

Somente a dor revel apaga o crime
Da alma que atordoa e desespera...
Bendita a provação escura e austera
Em que a vida culpada se redime.

A Santa Lepra é o anjo da Amargura
Que nos estende a mão, branda e seguros.
Nos abismos de treva e de aflição.

E, nas úlceras mil com que nos veste,
Voa, um dia, conosco, ao Lar Celeste
Para o Banquete da Ressurreição.

JÉSUS GONÇALVES

---

[1] N.E: Na Antiguidade era a denominação comum para hanseníase, doença de pele que provoca o aparecimento de escamas de caráter crônico ou contagioso.

PEQUENO DECÁLOGO DO SERVIÇO ESPIRITUAL

SE procuras materializar o espírito, espiritualiza a matéria.

SE desejas aumentar o uso da alma, diminui o uso da carne.

SE buscas receber, aprende também a dar de ti mesmo.

SE pretendes encontrar a luz, foge à sombra.

SE buscas verdadeiramente o bem, evita o mal.

SE aspiras a integração com a Verdade, abstém-te da fantasia.

SE julgas privilégio desagradável nos outros, não reclames prerrogativas ao teu círculo pessoal.

SE esperas realização nobre, não olvides o trabalho incessante, a persistência no bem, o estudo edificante, a sementeira benéfica e o serviço desinteressado aos semelhantes.

SE aguardas a revelação dos Céus, revela-te com humildade diante do Senhor e diante de teus irmãos, com espírito de reconstrução do próprio destino.

SE buscas a benção consoladora na Doutrina dos Espíritos, sob a inspiração de Jesus, nosso Mestre e Senhor, traze com alegria o Espiritismo por fora, mas não te esqueças de conservar o Evangelho por dentro.

André Luiz

QUADRAS

Ai de quem busca o deserto
De torturas de descrença:
Morrer é sentir, de perto,
A vida profunda e imensa.

Depois da miséria humana
Sobre a terra transitória,
Lastimo quanto se engana
O ouro da falsa glória.

Dinheiro do mundo vão,
Mentiras da vaidade,
Não trazem ao coração
A luz da felicidade.

Bem pobre é a cabeça tonta
Dos perversos e usuários,
Que morrem fazendo conta
Nas cruzes de seus rosários.

É ditosa no caminho,
Alegre como ninguém,
A mão terna do carinho
Que vive espalhando o bem.

Angústias, derrotas, danos,
Tudo isso tenho visto.
Só não vejo desenganos
Na estrada de Jesus Cristo.

BELMIRO BRAGA

NÃO TE SINTAS SÓ

Minha abençoada amiga:
Deus nos ampare.
... E este é o caminho da ressurreição – o caminho que vence, palmo a palmo, centímetro a centímetro, – sob a cruz redentora da provação.
Sentimos, sobre as pedras que forram o chão, a glória solar dos cimos...
Jesus, de braços abertos, à espera de nosso triunfo espiritual...
A contemplação da eternidade, por premio sublime aos pés sangrentos...
A paz da comunhão com a luz divina, por céu fulgurante na própria consciência...
A alegria silenciosa do coração que se uniu para sempre ao amor e a verdade...
E nossa alma inquieta suspira por transportar, ao preço da própria renunciação, no rumo desse paraíso de vitória intima, todos aqueles a quem nos devotamos no campo agreste do mundo...
Mas o Mestre divino, o condutor infalível de nossos passos, do alto do próprio madeiro que lhe serviu de trono à imorredoura exaltação, nos reafirma, sem palavras, que a passagem estreita do Calvário não admite mais de um coração.
Cada companheiro terá o seu dia e a sua marcha, para o grande entendimento...
Os tesouros adquiridos com a experiência e com a dor são intransferíveis.

Seria necessário que a fonte viva da compreensão deslizasse por todas as criaturas, ao mesmo tempo.

E isso, realmente, é impossível.

Poe essa razão, peço-te, ainda e sempre, coragem e calma.

È nessa solidão interior, que por vezes experimentadas com tanta intensidade, que chegamos a ouvir a voz do excelso Pastor.

A felicidade terrestre é como anestesiante ruído para a consciência. Distrai-nos.

Desintegra-nos os impulsos da fé. Impõe o adiamento indefinido da nossa viagem para o melhor. Obriga-nos a esquecer a benção das horas e, quase sempre, hipnotiza-nos nas sombras da inutilidade. Contudo, o sofrimento guarda a virtude da visão, despertando-nos para as realidades edificantes da vida.

Sem dúvida, muitos lhe temem o contato, procurando a fuga de suas renovadoras lições; mas o tempo é o químico milagroso da eterna Sabedoria, que nos governa os destinos, e, na estrada infinita, que nos cabe percorrer, surge invariavelmente o dia de nossa transformação...

Louvemos, desse modo, a luta que nos convocou à subida, e confiemos nossos amados ao Senhor.

Nesse ato de rendição de nossa alma, reside a desistência de nossos deveres.

Continuaremos ajudando-os com todos os recursos ao nosso alcance, mas centralizando nossas esperanças no Amor maior. Permaneceremos ao lado de quantos foram situados pela Bondade celestial, junto de nosso carinho, mobilizando possibilidades e energias em favor deles, mas prosseguindo, intimamente, em nossa sublime romagem para o Alto, superando temporais de lágrimas e espinheiros de sacrifício, porque, além de tudo o que representa o mundo de nosso "eu", resplende o devotamento de Jesus – o único sol capaz de reaquecer-nos o espírito fatigado, revigorando-nos para a definitiva ascensão aos planos superiores.

Auxiliemos sem apego.

Ensinemos no silêncio.

Amparemos, na medida de nossas forças, a quantos se acercam de nós; mas aguardemos o socorro do Alto, em se tratando de nossas necessidades.

Não te prendas na teia da angústia.

A única finalidade da aflição e a de deslocar-nos da Terra para o Céu, do débito para o resgate, da sombra para a luz.

Não temas.

Diante de nós, segue aquele Amigo imortal que, em se entregando ao martírio e à morte, traçou, para nós mesmos, o trilho estreito que nos conduzirá à salvação.

Aceitamos os instrumentos com que o Escultor da Eternidade se propõe reajustar-nos.

Pranto, soledade, amargura, incompreensão nos que amamos, sede espiritual, feridas, pesadelos, vigílias dolorosas, tempestades morais e golpes de senda representam o serviço do divino Buril sobre nós. A maneira da pedra que obedece, com segurança, das profundezas de nossas imperfeições Jesus retirara, mais tarde, a obra prima do Universo – nossa alma – acrisolada para o esplendor da perfeição.

Não te sintas sozinha.

Somos uma grande família no espaço e no tempo, em busca de nosso lar imperecível – o lar que nos espera, mais além, para a integração com todos os nossos afetos.

Confiemos em Jesus.

Ainda que tudo conspire contra nós, busquemo-lo. Através do próprio sacrifício, aprenderemos, com ele, a estrada real para a verdadeira vitória.

Continuemos juntas, no santuário do trabalho e da oração e, contando com a tua firmeza de ânimo em todos os lances de nossa jornada para a frente, abraça-te a velha amiga e irmã reconhecida.

ISABEL CINTRA

AJUDA-TE

Se queres conforto e paz
Nunca reproves ninguém.
Se buscas os bens do Céu,
Começa fazendo o bem.

No campo da humanidade
Não colherás a alegria,
Sem plantar com toda gente
A graça da simpatia.

Ajuda-te! Em toda parte,
Bondade é sol que abençoa.
Planta nobre não prospera
Sem bases na terra boa.

Caridade, gentileza,
Auxílio, calma e perdão.
São das preces mais sublimes
Em teu altar de oração

Recorda que em toda vida,
Conforme a nossa procura,
O Criador nos responde
Nos gestos da criatura.

CASIMIRO CUNHA

TENDO MEDO...

E, tendo, medo, escondi na Terra o teu talento...

(MATEUS, 25:25)

Na parábola dos talentos, o servo negligente atribui ao medo a causa do insucesso em que se infelicita.

Recebera mais reduzidas possibilidades de ganho.

Contara apenas com um talento e temera lutar para valorizá-lo.

Quanto aconteceu ao servidor invigilante da narrativa evangélica!

Há muitas pessoas que se acusam pobres de recursos para transitar no mundo como desejariam.

E recolhem-se à ociosidade, alegando medo da ação.

Medo de trabalhar.

Medo de servir.

Medo de fazer amigos.

Medo de desapontar.

Medo de sofrer.

Medo de incompreensão.

Medo da alegria.

Medo da dor.

E alcançam o fim do corpo, como sensitivas humanas, sem o mínimo esforço para enlouquecer a existência.

Na vida agarram-se ao medo da morte.

Na morte, confessam o medo da vida.

E a pretexto de serem menos favorecidos pela natureza, transformam-se gradativamente, em campeões da inutilidade e da preguiça.

Se recebeste, pois mais rude tarefa no mundo, não te atemorizes à frente dos outros e faze dela o teu caminho de progresso e renovação. Por mais sombria seja a estrada a que foste conduzido pelas circunstâncias enriquece-a com a luz do teu esforço próprio no bem, porque o medo não serviu como justificativa aceitável no acerto de contas entre o servo e o Senhor.

EMMANUEL

NA LUZ DO BEM

Em plena cova escura,
Desce a mão generosa
Do operário do pão...

Enquanto se faz ele
Condutor da semente,
Recebe sobre o rosto
Os borrifos do charco.

E vermes asquerosos
Que residem no pântano
Atiram-se-lhe aos dedos,
Tentando corromper-lhe
O sangue nobre e puro.

Mas, longe de temer
Os golpes da maldade,
Enxuga, forte e humilde,
Os salpicos de lama...
E, suando, a cantar,
Prossegue em seu trabalho,
Porque sabe e confia
Que a semente, amanhã,
Será beleza e flor,
Ramaria e alimento,

Para a vida abundante
A estender-se na Terra...

Assim, também no mundo,
Se procuras plantar,
No campo da virtude,
Sofrerás, com certeza,
Os assédios do mal,
Através da calúnia,
Da miséria ou da sombra!...

O lodo não perdoa
Quem lhe arremessa luz
Aos abismos do seio...
Mas, se tens clara fé,

Na grandeza do bem,
Cultiva, sem cessar,
A bondade fraterna
E o futuro feliz
Bendirá teu concurso,
Descerrando-te ao ser,
Largo e lindo horizonte,
Em cuja glória excelsa,
Encontrarás caminho,
Ditoso e resplendente,
Para o retorno ao Lar
Da Alegria Sem fim...

RODRIGUES DE ABREU

BILHETE FILIAL

Meu querido Paizinho:

Peço a sua benção em meu favor.

Não é novidade a minha palavra nesta carta, por que o carinhoso coração bem conhece que estou mais vivo que nunca.

Estou aqui, porém aproveitando uma oportunidade que os nossos Benfeitores nos concedem e quero dizer ao senhor e à inesquecível Mãezinha que nossos pensamentos estão unidos.

Desde aquele aniversário em que a dor me atacou violentamente com a separação, tenho mudado muito. Mudado para melhor, a fim de ser mais útil. Se eu pudesse Papai, voltaria para continuar ao seu lado na experiência do mundo.

A saudade aqui é uma aflição muito grande; mas os nossos Instrutores me dizem que o seu caminho de homem de bem não estará sem alegria e sem luz e que eu deveria ter vindo de modo a preparar o futuro com mais proveito.

A vida, Papai, é uma longa caminhada para a vitória que hoje não podemos compreender. E que aqui me ensinam que a dor é o anjo misterioso que nos acompanha até o fim da luta pela perfeição.

O senhor e Mamãe continuem firmes na caridade.

Um dia todos estaremos novamente reunidos numa vida maior.

O desastre, Papai, foi a provação salvadora.

Eu sei quantas lágrimas derramamos juntos; entretanto, quando choramos, com paciência e coragem, Deus transforma nosso pranto em pérolas de luz para a eternidade.

Leva à Mamãe querida o meu beijo carinhoso, com a certeza de estou forte para ser-lhes útil, de algum modo.

Meu abraço do coração para todos os nossos.

Não posso ser mais extenso. Ajudem-me sempre com as orações. E reunindo o senhor e Mamãe num grande abraço, sou o filho reconhecido, cheio de saudade e afeto.

MOACYR

SEMPRE CAIM

Sempre Caim, de punhos intranquilos
Que as angústias da Terra não consomem,
Eternizando, para a perda do homem,
A geração de homens crocodilos.

Não basta o estranho assédio dos bacilos,
Microscópicas feras que o carcomem,
Nem vale a insaciedade do abdome,
Que nivela filósofos e esquilos.

Todo o século vinte foge, aos berros,
Da besta humana que se junge aos ferros
Da horrenda montaria de Mavorte.[2]

E eis que homem do rádio morre à míngua,
Para acordar sem luz, sem mãos, sem língua,
Em tenebrosos círculos da morte!...

AUGUSTO DOS ANJOS

---

[2] N.E: Marte, deus romano da guerra.

ORAÇÃO DA CRIANÇA

Amigo:
Ajuda-me agora, para que eu te auxilie depois.
Não me relegues ao esquecimento, nem me condenes à ignorância ou à crueldade.
Venho ao encontro de tua aspiração, do teu convívio, de tua obra...
Em tua companhia estou na condição da argila nas mãos do oleiro.
Hoje, sou sementeira, fragilidade, promessa...
Amanhã, porém, serei tua própria realização.
Corrige-me, com amor, quando a sombra do erro envolve-me o caminho, para que a confiança não me abandone.
Protege-me contra o mal.
Ensina-me a descobrir o bem, onde estiver.
Não me afastes de Deus e ajude-me a conservar o amor e o respeito que devo às pessoas, aos animais e às coisas que me cercam.
Não me negues tua boa vontade, teu carinho e tua paciência.
Tenho tanta necessidade do teu coração, quanto à plantinha tenra precisa de água para prosperar e viver.
Dá-me tua bondade e dar-te-ei cooperação.
De ti depende que eu seja pior ou melhor amanhã.

EMMANUEL

DE ALMA PARA ALMA

Faze da fé a lúcida cartilha
Na romagem de pranto que te apura
E, atravessando a grande noite escura,
Segue, louvando a mágoa que te humilha.

Não desdenhes chorar, querida filha...
Sob o rude madeiro da amargura
Atingirás a luz da imensa Altura,
Onde a glória do amor se eleva e brilha...

Recorda o Mestre aflito e solitário
E agradece, nas urzes do Calvário,
A sacrossanta dor que te alumina!

Vence as pedras da angústia e do cansaço
E, um dia, alcançaremos, passo a passo,
O Eterno Lar da Redenção Divina.

Vallado Rosas

AVANCEMOS

Correm os dias incessantes... O nosso coração, como um relógio de Deus, vai marcando os acontecimentos e as lutas, as alegrias e as dores, as dificuldades e as recordações; mas a Providência divina tudo renova para o bem e, com ela, nossas aspirações renascem.

O amor vence a morte. Com a graça de Jesus podemos falar e os nossos podem escutar-nos. A fé ressurge luminosa e sublime. E continuamos juntos. Poderá haver outra alegria maior que essa? A de nos sentirmos plenamente unidos, uns aos outros, acima da própria separação?

Consultamos nossos desejos mais íntimos, nossas ansiedades ocultas e reconhecemos que não poderíamos conseguir, de nossa parte, um tesouro maior. Depressa compreendemos, com o amparo do Alto, que a Vontade de Deus deve imperar sobre a nossa.

Tudo acontece, obedecendo a imperativos do nosso passado espiritual.

Os sonhos de bondade e os anseios de comunhão com a espiritualidade santificante guardam, para nós, uma grande voz.

Tenhamos serenidade e confiança em Deus na travessia do grande mar da existência do mundo. Em torno de nossa embarcação, há náufragos tocados pela aflição e pela dor.

Conservemos a coragem no coração.

Ergamos a Jesus nossos olhos e sentimentos, dele esperando a segurança para nossas realizações.

Todos estamos em processo redentor.

Pouco a pouco, penetramos o domínio da verdade e a verdade nos ensina, calmamente, as suas lições.

No serviço aos nossos semelhantes, vamos descobrindo a estrada para os cimos de nossa elevação. Ainda mesmo ao preço de lágrimas e sacrifícios, avancemos.

Há momentos em que nossos pés sangram na marcha; contudo, não desanimar é a condição de nosso triunfo.

A desencarnação não nos confere a isenção da dor, que aperfeiçoa e santifica sempre.

A evolução é nossa.

O aprendizado nos pertence.

Cabe-nos estudar e servir, lutar e enriquecer-nos de luz, tanto na Terra, como na vida espiritual.

Jesus não nos abandona.

E na certeza do divino Amparo, seguiremos à procura de merecimento espiritual para sermos mais úteis.

Esperemos a passagem dos dias, suplicando o concurso dos nossos Maiores.

Um dia, sob a árvore do amor triunfante, louvaremos nossos esforços de agora.

A vida espiritual é novo renascimento.

Avancemos, desse modo, aprendendo e servindo sem nunca desanimar.

CARLOS AUGUSTO

NA VIAGEM TERRESTRE

Pobre viajar, que a mágoa dilacera,
Vence a poeira e o pranto em que te esmagas
E alçando a fé, além das próprias chagas,
Busca o esplendor da Eterna Primavera.

Não te prendas no mundo às sombras vagas
Do castelo enganoso da quimera!....
De coração gemente e alma sincera,
Rompe o caminho de aflições e pragas...

Guarda o silêncio na alma fatigada,
Procurando no tempo o sol da estrada
Em que teu velho sonho peregrina!...

E, em breve, atingirás na excelsa altura,
A alegria do amor, imensa e pura,
E a paz celeste na Mansão Divina.

ARNOLD SOUZA

CORAÇÕES MATERNOS

Minha amiga:

Deus é o grande companheiro do coração que se distancia das atrações terrestres, magnetizado pela fé que nos arroja o espírito à contemplação do Alto.

Nas horas mais cruciantes da caminhada, Ele segue, mais intimamente associado conosco, exortando-nos a fortaleza e a resignação.

Reconheço a extensão de tuas chagas de saudade, de aflição, de dor...

Aqui, alguém já me afirmou que mães cristãs são almas crucificadas no madeiro da renúncia perfeita; mas essas heroínas anônimas simbolizam estrelas que resplandecem no mundo, indicando o trilho estreito da ressurreição.

Apesar dos espinhos que nos dilaceram por dentro, rejubilemo-nos! Mais tarde, reconheceremos a superioridade de nossas vantagens no reino do espírito.

Não esperemos da carne a felicidade que ela não pode dar a ninguém.

Recebemos um tesouro de bênçãos com a oportunidade de auxiliar; porque sofrer pelo bem é um privilégio sublime.

Há momentos em que me pergunto a mim mesma sobre o mistério do amor em nossos corações. Somos nós, as mães, muitas vezes, como essas plantas rebeldes que se agarram às ruínas, escondendo-as sob as suas próprias folhas.

Não nos perturbemos!

Acolhamos com serenidade os golpes que nos fazem sangrar o coração.

Um dia abençoa-los-emos, assim, como louvamos, depois das lições, os obstáculos que no-las revelaram ... E guardemos a convicção de que na vida espiritual a visão é muito diversa.

Há filhos vivos na carne que são, para nós, motivo de maiores preocupações e de mais extensas angústias que aqueles cuja transitória separação lamentamos.

Padeçamos, redimindo.

Um coração materno não conhece o descanso.

Saibamos, desse modo, perseverar com Jesus até o fim.

ZIZINHA

ANTE O REMORSO

Quando desci chorando, desatento,
A garganta cruel da sepultura,
Cria abraçar, na morte, a noite escura
Que me desse consolo e esquecimento.

Ai de mim, relegado ao desalento,
Preso à triste ilusão que não perdura!...
Desvairado encontrei, nessa aventura,
O remorso medonho e famulento...

Aterrado, gritei: — "Monstro recua!"
E o monstro, em gargalhada horrenda e nua,
Bradou: — "Eu sou agora o irmão que levas..."

E, misto de morcego, gralha e aborto.
Atirou-me a sinistro desconforto,
Mergulhando comigo em densas trevas.

ANTHERO DE QUENTAL

MÃE, NÃO CHORE, NÃO

Querida Mamãe:
Peço ao seu carinho me abençoe como sempre.

Com o auxílio de Jesus, estou ao seu lado, continuando no abençoado esforço da prece, para conquistar humildade, paz, fortaleza e compreensão diante da divina Vontade.

Suas manifestações de carinho, nos pensamentos de todos os dias, ajudam-me a restauração gradual.

Quando me volto para os dias que se foram, ocupando a mente com as lembranças do círculo de lutas que deixei, a aflição ainda me domina; contudo, se me empenho em conservara esperança, tudo se modifica.

Neste meu novo mundo, o sentimento é mais vivo que as palavras. No corpo, às vezes, falamos, em muitas ocasiões, daquilo que realmente não estamos sentindo; mas na vida de nossa alma, o coração parece caminhar à frente de nós. Não é possível ocultar, como aí acontece, o que nos vai por dentro. Por isso, tenho tido muito cuidado comigo mesmo, para não perder as lições.

Até certo ponto, creia à senhora, que a minha situação é a de um menino recém-chegado na escola, com muita cautela no próprio comportamento para errar o menos possível.

A senhora não imagina o bem que me fizeram os estudos ligeiros que pude realizar, dentro do Espiritismo, nos meus tempos últimos.

Aí, por várias vezes, me surpreendi, indagando de mim mesmo por que sentia tão de repente inclinado à fé! Perguntava se meus impulsos nesse terreno não eram apenas o propósito de cooperar com a senhora ou se algo me renovava instintivamente para a vida espiritual!...

Hoje, vejo melhor.

Nossos amigos preparam-me o regresso, e, generosos, não se resignaram a sentir-me desabrigado no temporal.

Nossas orações, nossas palestras, leituras e reuniões, tudo, tudo que nós dois vivíamos com tanto encantamento e fervor, agora constitui para mim uma espécie de valioso crédito espiritual que vou gastando aos poucos, na construção do meu futuro diferente.

A senhora guiou-me na Terra, auxiliando-me a entrar na luta e, com as suas virtudes de heroína de Cristo, no lar, ajudou-me a sair dela, no rumo da Vida maior.

Mamãe, como lhe sou reconhecido!

Um dia, com o socorro de Deus, conseguirei retribuir à senhora tantas bênçãos.

Até lá, não se incomode pelo aumento incessante de minhas dívidas.

Preciso ainda e sempre do seu apoio e da sua coragem para batalhar e vencer.

Batalhar com a minha própria natureza para vencer os inimigos que ainda trago dentro de mim; e, vencendo-os, ao preço de meu esforço, poder servir a Jesus, como agora desejo com todas as fibras do meu coração.

Não chore mais, peço-lhe.

Seus olhos confiantes não podem nublar-se para que seus filhos não errem a estrada.

Não se acredite sozinha ou menos feliz.

Admito que hoje posso dar-lhe alegrias mais nobres e mais seguras, que aquelas de minha permanência na carne.

Tudo passa, Mamãe!

O corpo é assim como leve casca de noz em que viajamos no furioso mar das provas terrestres. Tudo se altera quando menos esperamos.

Tenhamos, contudo, nossa fé concentrada em Jesus e caminhemos!

Agradeço, por intermédio da senhora, aos nossos amigos, os preciosos recursos com que me amparam, em minha nova fase de luta.

A amizade é uma fonte de água cristalina, a refazer-nos as energias na longa peregrinação espiritual para Jesus.

Mamãe, confio na senhora, em sua fé, em sua compreensão e em seu valor.

Do Alto, virá o suprimento de forças e bênçãos de que necessitamos.

Minhas lembranças e saudades a todos.

Antônio

ORA E VIGIA

Ora e vigia. Não cesses
Teu combate à tentação.
No templo de nossas preces
Guardamos o coração.

Ora e vigia. Trabalha
Na rota de teu dever.
A vida é a nossa batalha...
Foge ao repouso e ao prazer.

Ora e vigia. Sublima
O teu amor fraternal.
O bem que não desanima
É a vitória contra o mal.

Vigia, orando. Vigia
Dando ação aos dias teus.
Serviço de cada dia
É benção da Luz de Deus.

JOÃO DE DEUS

BEM E MAL

Quem vive para o próprio bem estar, efetivamente não pode estar bem.

Há muitas pessoas que se julgam muito bem quando se encontram simplesmente bem mal.

Semeia, pois, no campo da vida, o bem dos outros, a fim de alheia alegria te confira, ao coração, o bem que te é próprio.

Quase sempre aquele que te parece vítima do mal é, justamente, quem se abeira do verdadeiro bem; por que nem todos os bens da Terra são legítimos bens na Vida espiritual.

Consagra-te ao bem, procura o bem, grava o bem, por onde passes; mas não disputes o bem de ser feliz entre os homens, para que não te esqueças do próximo, a única via de ascensão da nossa alma é para Deus.

Frequentemente, mal vivendo sob a dor e a necessidade, bem compreendemos as lutas dos semelhantes, procurando ampará-los, através do bem de que possamos dispor.

Jesus tolerando o mal e padecendo entre males, edificou para nós o sumo bem, com que podemos adquirir os bens incorruptíveis que as traças não roem.

É preciso sofrer com o mal instalado por nós mesmos, no íntimo d'alma, para que entremos na posse do eterno bem que o Cristo nos legou.

Vivamos desse modo, praticando o bem que esposamos sem disputar os bens ilusórios do mundo para o nosso bem; e o mal afastará definitivamente de nós, uma vez que, respirando no bem de todos, teremos alcançado o bem imperecível.

Ismael Souto

MEDITAÇÃO

Alma cansada de chorar, cansada
De sofrer nas agruras do caminho,
Há quem te veja no Celeste Ninho
Os tristes pesadelos da jornada...

Se além da noite brilha a madrugada,
Resplende, além do túmulo escarninho,
Nova aurora de paz e de carinho
Para a glória da vida torturada.

Não te detenhas, sob a ventania.
Vence o pavor da senda escura e fria,
Guardando o bem por arma em teus combates...

Segue buscando o Amor do Eterno Amigo
E encontrarás a Luz do Céu contigo
Nas aflições dos últimos resgates.

AUTA DE SOUZA

DIANTE DA SOMBRA

Se encontraste o sol do Evangelho para reaqueceras próprias esperanças, de certo compreenderás quanta sombra amortalha o campo imenso da vida.

Sombras da grande ignorância gerando a grande miséria, sombras na inteligência e no coração, sem amor.

Não desesperes, contudo, à frente da névoa espessa.

Se, tu mesmo, o raio de luz que a desintegre.

Raio de luz que se protege sem alarde e sem dor; que avance, tranquilo, sem ferir e sem ofender.

Não exijas a grande transformação de um dia para outro.

Forma-se o rio gota a gota.

Levanta-se a fortificação pedra a pedra.

Ergue-se a sabedoria através do alfabeto.

Consolida-se a virtude, lição por lição.

Se podes ver a noite, que ainda envolve as criaturas, compadece-te delas e ajuda sempre.

Às Vezes basta um tênue raio de claridade para que a esperada renovação apareça.

Uma prece que auxilie...

Uma palavra que oriente...

Um bálsamo que reconforte...

Uma página que esclareça...

Cada dia pode ser, na Terra, abençoado serviço de preparação para o Céu.

Se já ouvimos o Senhor, caminhemos com Ele. Jesus foi, por excelência, o divino Servidor.

Aprendamos, pois, a servir, e a nossa migalha de boa vontade no bem será benção de luz com que o Senhor vencerá, em nosso benefício, sobre o mundo, a dominação transitória das trevas.

EMMANUEL

POR ONDE VÁS

Por onde vás
Recorda, meu irmão,
Se desejas contigo o amor e a paz,
Usa a Prece e o Perdão...

Não te firam as pedras do caminho.
Quem leva por sinal
Um gesto permanente de carinho
Supera sombra e o mal.

Não enxergues no próximo o defeito,
A chaga ou a cicatriz.
Quem somente procura o Bem Perfeito
Vive sempre mais nobre e mais feliz.

Usa a Prece e o Perdão estrada afora,
Procurando ajudar.
E serás nova luz na Eterna Aurora
A fulgir com Jesus no Eterno Lar!...

CARMEN CINIRA

MISSIVA DE IRMÃ

Minha querida irmã:
Paz a você, paz a nós todos.
Nosso culto evangélico prossegue vitorioso, Luz acesa, os raios dessa divina lâmpada se espraiam, cada vez mais extensamente, clareando-nos o caminho. Tenho mesmo a ideia de que as nossas orações e leituras, de que as nossas conversações e entendimentos constituem, no altar de seu templo doméstico, as bases da instituição de amor que está nascendo da nossa união mais íntima com todos os familiares queridos da sua equipe de afetos.

Penso assim, minha amiga, porque não poucos desajustados, do nosso plano, recebem, portas adentro do seu lar, os primeiros rudimentos da recuperação. Aqui, temos inúmeros transviados do sofrimento, muitos alijados da alma, não poucos paralíticos do sentimento e uma infinidade de enfermos outros que apenas a oração consegue aliviar e restaurar. O cultivo do Evangelho em casa, por isso mesmo, é uma benção para os nossos companheiros das duas vidas — a do corpo e a da alma —, uma vez que a claridade da prece e da palavra santificante se irradia, salvadora, ajudando-nos e ajudando aos que nos cercam.

Se os companheiros do mundo pudessem compreender o valor de alguns minutos da Boa Nova, por semana, no santuário da família, decerto veríamos abreviado o triunfo sublime de Jesus sobre as almas.

Achamo-nos, porém, numa cruzada de serviço e não nos compete desfalecer. Prosseguiremos firmes em nosso trabalho de plantação espiritual do Cristo, na certeza de que Ele, Senhor da Vinha, nos auxiliará o esforço, pavimentando o caminho por onde nossas ideias renovadoras precisam transitar.

Sempre que posso, encontramo-nos juntas no momento exato de sua comunhão com a Vida maior. Não tema o aparecimento desse ou daquele ponto do aprendizado de mais difícil interpretação.

Ainda que a solução não se faça completa, de improviso, detenhamo-nos na prece e aguardemos. Há sempre um coração respirando mais alto, pronto a orientar-nos a senda de ascensão.

Estimo a sua fidelidade ao compromisso esposado e a sua persistência no estudo.

Perseverança numa viagem significa chegada em quase toda a extensão da estrada a percorrer.

De nossos trabalhos habituais, numerosos irmãos se retiram beneficiados e devidamente fortalecidos.

Enquanto nos demoramos na Terra, não é fácil apreender a grandeza de uma realização dessa espécie. A carne é um véu espesso, entravando-nos a visão espiritual, por distrair grande parte das nossas energias, a se perderem, inconsequentes, sem direção. Mas aqui – pátria onde todos nos reunimos – entendemos, de perto, a essência real do sentimento cristão, única fonte de água pura, capaz de subtrair-nos à sede de apaziguamento e de luz.

Avancemos assim, minha irmã.

Que os tropeços sirvam como medida de nosso estímulo, de nossa capacidade, de nossa fé.

Sei quantas indagações e quantas preocupações fluem de seu pensamento, perante a vida.

Observo quão enorme se faz, por vezes, a sua luta íntima no anseio de liquidar os enigmas...

Entretanto, é imprescindível não nos imobilizarmos à frente desse daquele problema que só tempo conseguirá resolver. Nosso passado é feito de milênios incontáveis.

Vigorosas raízes nos vinculam a essa ou aquela circunstância e nos constrangem a figurar nesse ou naquele acontecimento. Tenhamos fé em Deus e boa vontade para com todos e vivamos o presente, oferecendo-lhe o melhor de nossa vida, reconhecendo que a sua Vontade superior se expressa na rede de criaturas e fatos que nos enlaça, cada dia.

Que amor verdadeiro nos inspire os mínimos atos, nas menores parcelas do tempo, de vez que só esse sentimento vasto, que Jesus nos legou, representa a força dissolvente das cadeias pesadas que nos prendem, ainda, aos cárceres do pretérito.

Não preciso divagar para ensinar.

Continue você mesma, colecionando paciência, compreensão, carinho e brandura, através do trabalho incessante no bem, que tem sido o seu clima invariável.

E estejamos convencidas de o divino Mestre nos tomará por tuteladas felizes de seu infinito amor.

Tenhamos confiança no Senhor e alegria nas tarefas que Ele nos deu a fazer.

A existência na Terra é um dia na grande Escola da Eternidade.

Boa Noite para o seu coração querido e, desejando-lhe tudo o que a vida nos possa ofertar de útil e belo, de grande e santo, sou a sua irmã reconhecida de sempre, sempre ao seu lado.

NINA

AMA E ESPERA

Emudece o teu pranto. Cala o grito
De revolta na dor que te encarcera...
Por mais negra, mais rude, mais sincera,
A mágoa estranha de teu peito aflito.

Em toda a Terra há lágrima e conflito,
Ruínas do mundo que se desespera...
Ama e sofre, trabalha e persevera
Na esperança de paz e de infinito.

Peregrino de campo atormentado,
Rompe os elos e as trevas do passado,
Fita a luz do porvir resplandecente...

Muito além do terrível sorvedouro,
Nas estradas liriais de acanto e louro,
O sol do amor refulge eternamente.

Cruz e Souza

AMOR FILIAL

Mãe querida:

Aqui estou.

A morte abre as portas da vida e a vida, muitas vezes, como a conhecemos na Terra, é quase sempre a descida para a morte.

A dor, porém, a velha dor que me serviu de pajem, do berço ao túmulo, jamais escondeu nosso amor à eternidade.

Ainda mesmo no sofrimento, seu carinho ouvia minha voz, e o reino da perfeita compreensão era o ninho em que habitávamos ambos, constantemente à espera do dia melhor.

Quando menos aguardava o fim da luta, chamou-me a Vontade do Senhor para outros climas.

À noite caliginosa da provação terminara e raiou a alvorada nova...

Entretanto, mamãe, que paraíso haveria mais belo e mais doce para mim que o lar invisível de sua ternura e de seu devotamento?

Que felicidade mais pura existiria para seu filho, que essa de permanecer ao seu lado, escutando-lhe os cânticos do coração?

Por isso mesmo, fiquei e sigo-lhe os passos com a alegria constante de quem não deseja aparta-se do seu tesouro maior.

Através de todos os recursos ao meu alcance, busco fazer-me ouvido por sua alma incorporada ao santuário de minhas indeléveis recordações.

Em suas noites de angústia, tento acender estrelas de esperança no firmamento de sua fé; e nos dias atribulados, quando os espinhos se multiplicam, em derredor de seus passos, procuro ser intangível bordão de arrimo para que seu espírito afetuoso e, tanta vez, incompreendido, não se desequilibre na marcha.

Tenho tido a felicidade de contemplar a sua confiança em Deus a erguer-se sempre mais alto, convertendo pesares em alegrias, sombras em luzes, ofensas em benefícios e derrotas aparentes em triunfos reais para a vida eterna.

Continue, de animo firme, buscando a vanguarda espiritual dos trabalhadores incansáveis do Evangelho da Redenção.

Nas linhas da retaguarda jazem sonhos mortos em nossos ídolos esfacelados, aspirações superficialmente frustradas e enganos sepultos na poeira de construtivos desencantos.

A sementeira da experiência e os temporais da ingratidão passaram violentamente sobre o nosso roteiro, entretanto, acima de todos os escombros de nossos desejos, arde à chama divina do amor que nos imanta as almas para sempre...

Não desfaleçamos...

Para quem se eleva aos cimos da espiritualidade bendita, a experiência é doloroso processo de acrisolamento e regeneração.

Aceitemos a prova e a luta por instrutores de nossa peregrinação, no rumo de mais altos destinos.

Fácil é o repouso.

Agradável parece à estagnação.

Contudo, o descanso pode ser deplorável ociosidade mental e a demora, em certos campos de aprendizagem, habitualmente significa atraso na jornada evolutiva.

O seu exemplo e a sua bondade, ainda e sempre, representam os alicerces de nosso equilíbrio.

Deus lhe abençoe todos os propósitos de renovação, conduzindo-lhe os passos para o serviço maior, junto da humanidade. Pelos fios luminosos da inspiração segui-la-emos, cada dia, na justa planificação do porvir.

Anjo dos meus dias de reajuste, jamais olvidarei a renúncia com que me acompanhou, noite a noite, até que o Dia abençoado de minha ressurreição surgisse brilhante...

Em razão disso, estaremos sempre mais juntos, passo a passo, até que no Templo da União divina, possamos agradecer à dor o patrimônio de alegrias com que nos enriqueceu a caminhada para o Mundo maior.

De pensamentos entrelaçados, jamais conheceremos a separação.

Beija-lhe o coração abnegado, o filho que a segue de perto com vigilante amor,

PAULO

CÂNTICO DE LOUVOR

Bendize a cruz de sombra que te algema
Ao caminho de prova, ermo e sem flores,
E no lenho dos sonhos redentores
Que a tua fé padeça, mas não tema...

Louva, porém com Cristo, a cruz suprema
Que te constrange aos prantos remissores,
O espinheiral de grandes amargores,
O insulto, a solidão e a mágoa extrema...

Agradece a aflição que te depura!
Hosanas ao mistério da amargura
Que renova e sublima o coração...

Glória à dor, nossa fúlgida cartilha!
Pela cruz espinhosa que te humilha
Alcançarás o sol da redenção!...

JÉSUS GONÇALVES

ANTE O CÉU ESTRELADO

Senhor:
Ante o céu estrelado,
Que nos releva a tua grandeza,
Deixa que nossos corações se unam
À prece das coisas simples...

Concede-nos, Pai,
A compaixão das árvores,
A espontaneidade das flores,
A fidelidade da erva tenra,
A perseverança das águas
Que procuram o repouso nas profundezas.

A serenidade do campo,
A brandura do vento leve,
A harmonia do outeiro,
A música do vale,
A confiança do inseto humilde,
O espírito de serviço da terra benfazeja,
Para que não estejamos
Recebendo, em vão, tuas dádivas,
E para que o teu amor resplandeça,
No centro de nossas vidas,
Agora e sempre.
Assim Seja.

EMMANUEL

AO VIAJOR DA FÉ

Caminheiro da Terra, escuta, dia a dia,
A mensagem de Amor em que reconfortas.
Avança sobre a dor da esperanças mortas,
Na conquista do Bem, eleva-te e porfia!

Supera as tentações da treva e da agonia,
Louva o dever e a fé com que a ti mesmo exortas.
E alcançarás, mais tarde, rutilantes portas
Dos templos imortais da Divina Alegria.

Um dia, voltarás ao país de onde vieste,
Filho tornado à paz do Santo Lar Celeste,
Finda a rude aflição da carne transitória...

Segue, pois, com Jesus, embora enfermo e aflito.
E ascenderás, cantando, à glória do Infinito,
Aureolado na Luz da suprema vitória.

AMARAL ORNELLAS

SÚPLICA DO NATAL

Amado Jesus
Na excelsa manjedoura
Que te esconde a glória sublime,
Ouve a nossa oração!
Ajuda-nos
A procurar a simplicidade
Que nos reúne ao teu amor...
Auxilia-nos
A renascer dentro de nós mesmos,
Buscando em Ti a força
Para sermos, em Teu Nome,
Irmãos uns dos outros!
Mestre do Eterno Bem,
Sustenta a s nossas almas
A fim de que a alegria
De servir e ajudar
Nos ilumine a senda,
Não somente na luz
De teu Santo Natal,
Mas em todos os dias,
Aqui, agora e sempre...

APARECIDA

CARTA DE OUTRO MUNDO

Não aceites por ventura
Prazer que te desconforte,
O peixe nada à procura
Da isca que o leva à morte.

A cantiga sem cautela
Desce a abismo inesperado.
Alçapão abre a janela
Ao pássaro descuidado.

Trabalha e atende ao provir.
Contudo, pensa primeiro.
Formiga vive de agir
Mas não sai do formigueiro.

Não uses a liberdade
Gozando a inércia do bruto.
Se queres a eternidade
Não desprezes teu minuto.

Faze o bem. Não sejas louco,
Aprende no amor cristão.
Inteligência é bem pouco
No dia da salvação.

Relicário de luz

Sem Deus, não busques na Terra,
Luz e paz em parte alguma.
Há mais angústia e mais guerra
Quando a mentira se esfuma.

Evita o abono e a licença
Em que a preguiça se escuda.
Ferrugem é a recompensa
Da enxada que não ajuda.

Dos males que andam na estrada,
Aquele que mais domina
É a mente desocupada
Que vive sem disciplina.

Despreza a ciência avessa.
É dolorosa irrisão
Ter mil livros na cabeça
E gelo no coração.

Perdoa a mão que te prende
A tropeços escarninhos.
Muita rosa se defende
Pela abundância de espinhos.

Foge aos gozos aparentes.
Toda flor cai ao monturo,
Mas o fruto dá sementes
Que seguem para o futuro.

Mas a glória que se inflama
Sem Jesus Cristo no fundo,
Quase sempre é treva e lama
Nos caminhos do outro mundo.

Não te exponhas ao perigo
Da tentação que te agrade.

Mas se tens Jesus contigo
Não temas a tempestade.

BELMIRO BRAGA

SAUDADE, ESPERANÇA E AMOR

Mãezinha querida: beijo-lhe o coração.

Suas preces, como lágrimas de aflição, caem sobre mim; seus pensamentos são apelos irresistíveis que me trazem ao lápis e ao papel.

Sinto a impossibilidade de escrever com antes. Apesar de minha boa vontade em aprender o que me ensinam aqui, vejo-me ainda deslocado e inexperiente.

Encontro-me desse modo, sob a orientação de outros braços que me ajudam a trazer-lhe notícias.

É verdade que estamos juntos, sempre que essa alegria me é possível.

Às vezes, pela noite adentro, quando seus olhos procuram os meus no retrato, volvo, de pronto, à nossa habitual comunhão e ouço-lhe as reflexões cheias de angustiosa saudade...

Ah! Mãezinha, tudo daria eu para acalmar-lhe o coração dolorido, tudo faria para vê-la, de novo, corajosa e forte na luta.

Entretanto, se meu amor vence a morte, não consegue anular a lei que aparentemente nos separa.

Tenho a cabeça ainda tocada pelos efeitos da partida trágica.

Às vezes como alguém que se esforça, em vão, para lembrar-se de alguma coisa, noto à minha memória enfraquecida, doente... Confesso que há em meu coração um desejo ardente de voltar para o nosso ninho...

Entretanto, ensinam-me aqui, que devo resignar-me e esperar.

Tenho estado mais calmo, pensando que o seu carinho estimaria ver-me firme e valoroso dentro da nova situação.

Em muitas ocasiões, as lágrimas comparecem nos meus olhos, mas recordo-me dos conselhos do Paizinho, e de seus exemplos de bondade e coragem, e basta-me reportar aos ensinamentos de casa para que o meu quadro íntimo se modifique.

Não acredite que eu pudesse continuar na Terra se não fosse o acidente doloroso.

Tudo tem a sua razão de ser. Meu prazo no mundo devia realmente ser curto.

Relembro nossa felicidade dos bons tempos de criança e parece-me tornar a vê-la desejando que jamais nos separássemos.

E tão grande era o nosso mútuo entendimento, que nada encontrei na Terra que conseguisse substituir a sua presença em meu coração. Saiba que a vida reclamava de mim outros trabalhos, que Papai esperava do filho um companheiro de luta e não uma flor agarrada a casa, como a hera sobre o muro; no entanto, nossos ideais eram lindos, e eu me confiava tranquilo à certeza de que tudo poderia passar, menos a nossa doce felicidade na constante união...

Contudo, peço-lhe conformação e calma.

Ajuda-me com a força de sua fé.

Imaginemos que a morte é somente uma longa viagem.

Realmente não posso voltar como os turistas comuns, mas o seu coração perceberá minha visitação incessante, até que um dia possamos reunir as nossas esperanças, de novo na mesma estação.

Não se acredite sozinha em se referindo ao seu filho.

Seguiremos juntos para diante, amparados um no outro.

Tenho-a como um sinal luminoso a orientar-me os voos do pensamento.

Por que nos separaria Deus, quando conhece a pureza dos laços que nos unem?

Pode a flor ausentar-se, em definitivo, da árvore que a produz? Embora a tesoura do jardineiro lhe corte a haste, arrebatando-a aos ramos felizes em que nasceu, entre as pétalas e os galhos persiste o perfume que os identifica para sempre. Estamos assim unidos pelas nossas aspirações e pensamentos.

Não deseje morrer para encontrar-me. Lembre-se de todos os nossos e continue trabalhando, valorosa, por amor ao nosso amor.

Estou fazendo o que posso para conformar-me a distância temporária e espero que a sua ternura prossiga confiante em Deus, para frente...

Há muito trabalho aguardando-lhe os braços generosos; há muita sementeira de ternura contando com a sua abnegação. Seu esforço renovador me auxiliará. Sou uma espécie de orquídea na seiva do seu carinho.

Minha nova estrada será traçada por suas mãos! Quando eu adoecia, não era a sua bondade o meu remédio maior? Quando algum problema me perturbava, não buscava eu a solução em seus olhos e em sua palavra certa?

Hoje acontece o mesmo. Tenho necessidade da sua assistência e de sua orientação.

Quando puder, procure comigo a vida imperecível no caminho novo.

Sei que o seu devotamento me procura, assim como lhe busco a presença, com a maior ansiedade a afligir-me o coração...

E, aqui, ensinam-me que a plantação da caridade, como Jesus nos ensinou, é o melhor lugar para o nosso reencontro... Não desanime! Há muita névoa na estrada que hoje percorremos, entretanto, sinto-lhe as mãos nas minhas e isso me basta à confiança.

E porque não posso continuar escrevendo, peço-lhe receber o coração, o amor e a saudade do seu filho.

SYLVINHO

BILHETE A UM LUTADOR

Meu querido Companheiro:
Os benfeitores do Além
Colaboram nas tarefas
De tua missão no bem.

Açoites surgem na Estrada?
Jamais, sofras, meu irmão!
O Senhor da Luz Divina
Ampara-te o coração.

Brotam cardos nos caminhos
Com pretensões de ferir?
Tolera-os resignado
E espera o Sol do Porvir.

Há difíceis testemunhos?
Não temas perturbações,
Pois toda cruz é caminho
De tantas renovações.

Amigo: Deus te ilumine,
No esforço que te conduz
Da sombra espessa da Terra
À redenção com Jesus.

CASIMIRO CUNHA

DE RETORNO AO CAMINHO...

Em plena vida espiritual, antes de tornar ao terrestre sorvedouro, contemplamos a paisagem do mundo em que nos propomos realizar complicados serviços.

Lá se encontra o antigo lar que deixamos, velho ninho dourado pelo sol de nosso amor e encharcado da lama de nossos escuros débitos.

E, disputando o regresso para a obra de regeneração que nos cabe efetuar, prometemos sacrifícios mil.

É o coração amado que desejamos auxiliar no reajuste doloroso, hipotecando cooperação e carinho para abreviar-lhe os sofrimentos...

É a conta que esperamos resgatar integralmente, lançando ao futuro os nossos votos de abnegação.

É o inimigo multissecular que pretendemos converter em irmão, ao preço de nossa renúncia suprema...

É a coleção de afetos e desafetos que insistimos em receber, metamorfoseados em filhos de nossa ternura, para conduzir, montanha acima, à feição de flores e espinhos, joias e pedras sobre o próprio peito...

E, aqueles que se elegeram orientadores do nosso destino, endossam-nos o apelo...

Voltamos, com a veste carnal que escolhemos e conquistamos as situações e os recursos de que nos supomos necessitados para a tarefa que nos elevará.

Mas, ai de nós!

Tão logo a matéria densa nos cobre parcialmente a visão, olvidamos, à pressa, os compromissos assumidos.

E esquecemos promessas, entusiasmos e afirmações edificantes que constituíam a base de nossos planos redentores.

Novamente na carne, deixamo-nos iludir pelas requisições do pretérito e, ao invés de procurar o conselho do amor que tudo compreende e tudo ilumina, buscamos as falaciosas opiniões do "eu" enfermiço do passado que teimamos retomar.

E o adversário continua adversário, a desarmonia prossegue desarmonia e a treva, sem alteração, tudo ensombra, mergulhando-nos em desespero cruel.

Ó vós que guardais, por sublime depósito, as verdades do Além, auxiliai-nos a sustentar o serviço do Amor! Redimamos o passado que sentimos vivo e atuante dentro de nós. Somente o fogo do sacrifício conseguirá extinguir os remanescentes de nossos velhos erros e, assim sendo, permaneçamos valorosos e leais à divina Vontade, na cruz de nossas obrigações santificantes, na abençoada certeza de que, além do monte empedrado e triste de nossos aflitivos testemunhos, brilha, infindável e divina, a celeste alvorada de nossa eterna ressurreição.

EMMANUEL

DE IRMÃO PARA IRMÃO

No caminho que a treva encheu de horrores
Passa a turba infeliz, exausta e cega.
– É a humanidade que se desagrega
No apodrecido ergástulo das dores!

Ouvem-se risos escarnecedores...
É Caim que, de novo, se renega,
Transborda o mar de pranto onde navega
A esperança dos seres sofredores!

É nesse abismo de miséria e ruínas,
Que estenderás, amigo, as mãos divinas,
Como estrelas brilhando sobre as cruzes.

Vai, Cirineu da luz que santifica,
Que o Senhor abençoa e multiplica
O pão da caridade que produzes.

AUGUSTO DOS ANJOS

A CRIANÇA

A criança é o dia de amanhã, solicitando-nos concurso fraternal.

Planta nascente – é a árvore do futuro, que produzirá segundo o nosso auxílio à sementeira.

Livro em branco – exibirá, depois, aquilo que gravarmos agora nas páginas.

Luz iniciante – brilhará no porvir, conforme o combustível que lhe ofertarmos ao coração.

Barco frágil – realizará a travessia do oceano encapelado da Terra, de acordo com as instalações de resistência com que lhe enriquecermos a edificação.

Na alma da criança reside a essência da paz ou da guerra, da felicidade ou do infortúnio para os dias que virão.

Conduzirmos, pois, o espírito infantil para a grande compreensão com Jesus, é consagrarmos nossa vida à experiência mais sublime do mundo – o serviço da humanidade na pessoa dos nossos semelhantes, a caminho da redenção para sempre.

MEIMEI

CARTA PATERNAL

O caminho do Mestre é cruz erguida
Em pedregulhos, sombras e amargores,
Coroada de espinhos redentores
No escuro topo de áspera subida...

Não receies, porém, filha querida,
Não te prendas no mundo a vão favores,
No madeiro de lágrimas das dores
Conquistarás os dons da Eterna Vida!

Por mais cansada, não te desanimes!
Segue teus sonhos puros e sublimes
Arrimando-te à fé que nos socorre...

Embora a noite e a névoa, crê e avança,
Sob as asas ditosas da esperança,
Alcançarás o amor que nunca morre.

Vallado Rosas

ORAÇÃO DA SERVA CRISTÃ

Pai de infinita Bondade, sustenta-nos o coração no caminho que nos assinalastes!

Infunde-nos o desejo de ajudar àqueles que nos cercam, dando-lhes das migalhas que possuímos para que a felicidade se multiplique entre nós.

Dá-nos a força de lutar pela nossa própria regeneração, nos círculos de trabalho em que fomos situados, por teus sábios desígnios.

Auxilia-nos a conter nossas próprias fraquezas, para que não venhamos a cair nas trevas, vitimados pela violência.

Pai, não deixes que a alegria nos enfraqueça e nem permitas que a dor nos sufoque.

Ensina-nos a reconhecer tua bondade em todos os acontecimentos e em todas as coisas.

Nos dias de aflição, faze-nos contemplar tua luz, através de nossas lágrimas. E nas horas de reconforto, auxilia-nos a estender tuas bênçãos com os nossos semelhantes.

Dá-nos conformação no sofrimento, paciência no trabalho e socorro nas tarefas difíceis.

Concede-nos, sobretudo, a graça de compreender a tua vontade seja como for, onde estivermos, a fim de que saibamos servir, em teu nome, e para que sejamos filhos dignos de teu infinito amor.

Assim seja.

AGAR

NA ASCENSÃO

Poderás, em verdade,
Exercer facilmente
O nobre auxílio aos outros.

Não te custa sorrir
Para os filhos da dor
Que choram desolados
Quando brilha a alegria
No caminho em que avanças.

Não te pesa entregar
A quem sofre com fome
Quanto te sobra à mesa
Na graça da abastança.

Não te pesa o consolo
Quando a calma te ajuda,
Nem te fere amparar
A quem geme na sombra
Quando há sol em teu peito,
Sob as bênçãos do céu...

Mas o auxílio a ti mesmo
Nas chagas da amargura,
Pelo santo remédio
Da humildade e da paz,

É sempre o sacrifício
E a renúncia em ação.

Se desejas, portanto,
Redimir a ti próprio,
Se procuras, na vida,
O socorro a ti mesmo,
Aprende a caminhar
Sob a cruz do dever,
Aceitando na dor
O bálsamo divino...

Se pretendes subir
Ao calvário da glória,
Procurando com Cristo
A Eterna redenção,
Recebe em cada golpe
Da jornada terrestre,
O generoso impulso
Da vida que te eleva
Dos abismos da treva
Aos píncaros da luz.

RODRIGUES DE ABREU

CARTA PATERNAL

Minha filha:
Deus nos abençoe.
Não recuse o sagrado depósito do sofrimento. A dor é uma bênção que nosso pai nos envia, oferecendo-nos a graça retificadora. Mas toda dor que não sabemos aceitar, rejeitando-lhe a grandeza divina, converter-se em guerra sem sangue, no coração.

Sabemos que você tem peregrinado no mundo com aflitiva sede da alma e não ignoramos a esperança que tem você empenhado à Terra, buscando a felicidade que a Terra, efetivamente, ainda não nos pode dar.

O amor não amado há de ser nosso caminho com o Cristo ou perderemos a gloriosa oportunidade de sublimação. É natural que desejemos a alegria da reciprocidade no campo dos nossos sentimentos; é humano o nosso velho impulso de reclamar pagamento efetivo às nossas inclinações, entretanto, quando o Evangelho começa a florescer em nosso espírito, é indispensável nos lembremos do Senhor, coroado de espinhos, para compreender com segurança a nossa divina missão de renúncia santificante.

Enquanto exigimos, perdemos tempo. Enquanto nos esmagamos à procura de acolhimento nos corações que nos cercam, olvidamos o ensejo de abrigar conosco aquelas almas da retaguarda que se confortariam com diminuta migalha de nosso pão.

Acordemos-nos para o amor sem fronteiras que o Mestre nos legou e, na cruz de nossas próprias dores, abracemos a todos aqueles que passam por nós esmolando esperança.

Sabemos que é difícil concretizar semelhantes ideias. Entretanto, temos em Jesus, o nosso Modelo maior.

Amargoso é o despertar, além da morte, para todos aqueles que desconheciam a Verdade; todavia, o reavivamento consciencial para aqueles que a conheciam e a desprezaram chega a ser cruel.

Amemos sem pedir, filha querida.

Doemos sem aguardar que outros retribuam.

Compreendemos que a sua afetividade sente o maior júbilo em ajudar.

Você seria capaz de todos os sacrifícios pelas almas queridas que jazem encerradas no escrínio do seu coração, como pérolas preciosas na concha viva, mas, o caminho da alma é infinito. Não seria justo isolarmo-nos no jardim milagroso das afeições prediletas, relegando ao acaso as nossas obrigações mais vastas para com a fraternidade total.

Se as fontes se congregassem num poço imenso, a pretexto de viverem absolutamente unidas entre si, distanciadas da coragem de servir, por certo, o mundo se dividiria entre um pântano e um deserto, onde a vida não conseguiria medrar.

Unamo-nos ao Cristo para que lhe possamos expressar a divina Vontade, à frente de todos os que nos cercam. Desprendamo-nos de nossos antigos laços.

Amar é o nosso destino, acompanhando Aquele que foi à Cruz por extremo devotamento a nós.

Sermos amados, porém, não é assunto que deva perturbar as nossas aspirações no Evangelho da Redação.

Descerremos as janelas do nosso espírito e busquemos compreender.

Nem tudo na Terra é, por enquanto, alegria da colheita. A sementeira da verdade e do bem ainda reclama excessivamente de nosso esforço, e não podemos olvidar que as tarefas são diferentes, tanto quanto diferentes são os caminhos, em busca da regeneração e do aperfeiçoamento.

Há quem plante, quem ampare a germinação, quem distribua as águas, quem ajude às flores, quem proteja a plantação e quem se incumbe da seara.

Acima de todos os serviços, permanece o Senhor, que nos orienta e socorre.

Desejando ao seu caminho muita paz e luz, deixa-lhe o coração, o pai amigo de todos os dias,

FRANCISCO

NA SEMENTEIRA INFANTIL

Um coração de criança
É livro branco na prova,
Em cuja essência descansa
A bênção da vida nova.

Teu filhinho tenro e puro
De face rósea e louçã,
Será homem no futuro
E vai ser pai amanhã.

Furtas teu filho à oficina?
És rude e mau companheiro?
Jesus, na infância divina,
Foi pequeno carpinteiro.

Criança muito mimada,
Sem disciplina que apura,
Mais tarde, chora na estrada,
Ao vento da desventura.

As portas do orgulho cerra,
Ao teu filhinho, a seu bem.
Quem torna à carne na Terra
Vem buscar o que não tem.

Relicário de luz

No universo de teu lar
Não te esqueças do porvir:
Criança por educar
É mundo por construir.

Dar à infância mais conforto
E mais lições, é dever;
Vegetal que cresce torto
Vive torto até morrer.

Se queres a Excelsa Vinha
Pelos campos da existência,
Salvemos a criancinha
De nossa própria falência.

Que forte incêndio acenderam!
Guerra insana, dores mil!...
É que os homens se esqueceram
Da sementeira infantil.

A pretexto de carinho,
De ternura sem rival,
Não atires teu anjinho
Aos precipícios do mal.

JOÃO DE DEUS

COMECEMOS POR NÓS MESMOS

Ensina a caridade, dando aos outros algo de ti mesmo, em forma de trabalho e carinho; e aqueles que te seguem os passos virão ao teu encontro oferecendo, ao bem, quanto possuem.

Difunde a humildade, buscando a Vontade divina com esquecimento de teus caprichos humanos; e os companheiros de ideal, fortalecidos por teu exemplo, olvidarão a si mesmos, calando as manifestações de vaidade e de orgulho.

Propaga a fé, suportando os reveses de teu próprio caminho, com valor moral e fortaleza infatigável; e quem te observa, crescerá em otimismo e confiança.

Semeia a paciência, tolerando construtivamente os que se fazem instrumentos de tua dor no mundo, ajudando sem desânimo e amparando sem reclamar; e os irmãos que te buscam mobilizarão os impulsos de revolta que os fustigam, na luta de cada dia, transformando-a em serena compreensão.

Planta a bondade, cultivando com todos a incansável gentileza; e os associados de tua luta encontrarão contigo a necessária inspiração para o combate à maldade.

Estende as noções do serviço e da responsabilidade, agindo incessantemente na religião do dever bem cumprido; e os amigos do teu círculo pessoal envergonhar-se-ão da preguiça.

As boas obras começam de nós mesmos.

Educaremos, educando-nos.

Não faremos a renovação da paisagem de nossa vida, sem renovar-nos.

Somos arquitetos de nossa própria estrada e seremos conhecidos pela influência que projetamos naqueles que nos cercam.

Que o Espírito de Cristo nos infunda a graça do auto aprimoramento, para que nos façamos intérpretes do Espírito Santo.

A caridade que salvará o mundo há de regenerar-nos primeiramente.

Sigamos, pois, ao encontro do Mestre, amando, aprendendo e servindo; e o Mestre, hoje ou amanhã, virá ao nosso encontro, premiando-nos o esforço com a divina ressurreição.

EMMANUEL

SOFRE SEM RECLAMAR

Apenas cinza para a sepultura...
Sofre sem reclamar! Não vale a pena
Fugir à provação que te condena
A romagem de sombra e de amargura.

Vara, de peito forte e alma serena,
A tempestade, sob a noite escura.
Guarda contigo a fé tranquila e pura
E vencerás o fel que te envenena...

Olvida as trevas do sinistro bando
De males do caminho miserando
Em que o torvo passado te situa...

Que a coragem te cinja a fronte erguida!
Não te esqueças que há dor em toda vida!
E que a vida, na morte, continua...

Arnold Souza

NA VIAGEM TERRESTRE

Querida Mamãe:
Rogo à infinita Bondade fortalecer-nos.

Há quase dez anos, em me comunicando com a senhora, referi-me à nossa grande viagem no mar proceloso das provações terrestres.

Dez anos correm sobre nosso entendimento e a ventania sopra de rijo, arrastando-nos o velho barco dos compromissos espirituais, sobre ondas traiçoeiras e escuras... De quando a quando, agulhas contundentes de rochedos ocultos arrancam pedaços da nau em que viajamos. E creio que ainda não nos afastamos, um só dia, das preces ardentes, em que suplicamos, ao Céu, assistência e socorro para não sermos engolidas pelo abismo aos nossos pés.

Não venho, porém, recordar-lhe a viagem redentora para incliná-la ao pranto. Venho, apenas, reafirmar-lhe que Jesus continua no leme da embarcação. Sinto, não distante de nós, o porto da alegria e da segurança.

Ouço vozes confortadoras, na praia próxima.

Não choremos, pois, naquele ritmo de angústia acelerada que nos marcou as lágrimas do princípio. Encorajemo-nos, adornando a nossa galera castigada pelo temporal. Por muito lhe doam, ainda, as chagas abertas e por muito lhe torturem as vigílias consecutivas e dolorosas, reafirme o seu bom ânimo; e continuaremos.

Eu sei que há muito navio embandeirado no cais, à maneira de castelos flutuantes que nunca enfrentaram as águas. Sim, não perderam o aspecto festivo com que se enfeitaram pela primeira vez. São jardins imóveis, desfrutando a serenidade ilusória do mundo, porque, na realidade, nunca enfrentaram o mar largo e a grande tormenta...

Sabemos também que, na peregrinação, há muitas ilhas, repletas de viajores que se imobilizaram, temendo as cidades e as vicissitudes da marcha. Começaram a travessia, mas foram vencidos pelo cansaço e repousam sobre a areia movediça dos oásis que florescem na vastidão do imenso mar...

Entretanto, Mamãe, um dia, as embarcações preguiçosas e os viajantes enganados serão constrangidos aos terríveis temporais das grandes renovações e, chegado esse instante, chorarão a hora perdida, porque, apenas os viajantes desassombrados alcançarão o mundo sublime da paz sem lágrimas.

E nós, por nossa vez, atingindo o objetivo que nos propomos abordar, exaltaremos o sofrimento como quem agradece a um salvador a bênção do socorro com que se lembrou de nós.

Se podemos, desse modo, rogar-lhe alguma coisa, imploramos sua coragem; coragem que compreenda, acima dos próprios desejos, os soberanos desígnios de Deus, dentro da Lei que nos rege.

Auxilie-nos, ainda e sempre.

Sua aflição é nossa aflição maior.

Rendemos graças a Jesus e osculamos suas mãos pela paciência com que a senhora tem aceitado os golpes que nos impelem para diante, mas não se esqueça de que a senhora ainda é a nossa instrutora e nossa amiga, nossa enfermeira e, sobretudo, nossa Mãe.

Precisamos de sua força, como a criança necessita de arrimo; e contamos com a sua desmedida abnegação em nosso favor.

Avancemos.

Dentro da noite, brilham estrelas.

E a alvorada é sempre nova, multiplicando as bênçãos divinas, em torno de nossos pés.

Para que não desfalecesse na jornada, Cristo veio e ensinou-nos. Para que nos conduzíssemos retamente no caminho, o Mestre desceu até nós e revelou-nos o amor infinito.

Ah! Sem a manjedoura da simplicidade e do trabalho no começo da luta humana; e sem a cruz do sacrifício e da renunciação no fim da estrada a percorrer, será impossível vencer, na Terra, as teias constringentes da ilusão e os enganos envenenados da morte.

Saibamos reerguer a esperança, cada dia, na convicção de que o tempo bem vivido é o infalível condutor da vitória.

No cimo da senda, Jesus nos aguarda.

Além das trevas, fulgura a ressurreição. Depois da noite transitória, surge o dia eterno.

Seja, pois, a fé viva o bordão que nos sustente e busquemos a comunhão com a paz do Senhor, sem descansar.

Estamos satisfeitos com o seu estágio de refazimento junto de nossos amigos. A devoção afetiva é um dos tesouros que não são consumidos na terra.

A amizade pura é uma flor que nunca fenece.

Meu abraço ao Papai.

Para todos os nossos, querida Mamãe, envio meus afetos e meus votos de bem estar e, desejando à senhora tudo o que existe de sublime na Criação de Deus, abraço-a, com carinho e com muito reconhecimento, a sua

AGAR

ALMA E CORPO

Disse a Alma, chorando, ao Corpo aflito:
— Por que me prendes, triste barro escuro,
Se busco o Espaço imenso, se procuro
O império resplendente do infinito?

Por que me deste a dor por sambenito
No caminho terrestre áspero e duro?
Por que me algemas a sinistro muro,
O coração cansado, ermo e proscrito?

Mas o Corpo exclamou: — Cala-te e ama!
Eu sou, na Terra, a cruz de cinza e lama
Que te serve de ninho, templo e grade...

Mas dos meus braços partirás, um dia,
Para a glória celeste da alegria,
Nos castelos de luz da eternidade!...

ANTHERO DE QUENTAL

DO LAR PARA O MUNDO

Minha amiga:

O jardim do mundo continua repleto de possibilidades divinas, mas nem sempre conseguimos colher as rosas de nossa plantação.

Comumente, é imprescindível saber aguardar.

A Terra da experiência é sempre a mesma, onde nossas esperanças foram semeadas um dia, para recebermos, hoje, a fé que nos revigora os corações.

Tenhamos paciência e bom ânimo.

A mais santa qualidade do amor é a de saber esperar sem desesperar.

Nossos filhos são sempre os mais lindos rebentos da árvore de nosso ideal.

Entretanto, não lhe formamos a vida terrestre para nós.

A maneira do escultor que alça a argila informe à condição de vaso inapreciável para servir no mundo, pela graça de Deus, assumimos o papel de mães, na vida que nos pede os filhos do coração; para que integrem as legiões de sua glória.

Louvado seja o Senhor.

Maria, a nossa Mãe Santíssima, não recebeu Jesus para dele orgulhar-se, qual se fora o nosso divino Mestre uma orquídea celestial, a nutrir-se, invariavelmente, da seiva de sua alma sublime. Alentou-o e preparou-o para a humanidade, entregando, aos homens, um berço de luz na manjedoura e recebendo, em retribuição, o madeiro escuro da morte.

Saibamos, pois, superar nossas mágoas e indecisões com a certeza de que a união imperecível nos aguarda, além de todos os espinheiros da separação.

O Espiritismo, felizmente, não nos plasma o ideal religioso para a imobilidade dogmática.

Confere-nos o conhecimento superior, habilitando-nos ao serviço da comunidade. Com ele descobrimos, finalmente, que a nossa família não está circunscrita às fronteiras do templo doméstico. Somos a esposa de um companheiro de luta e a mãe de nossos filhinhos; mas, igualmente, a irmã e a serva do progresso, do progresso geral, em cujas linhas encontramos as nossas ocupações de fraternidade redentora.

Religião, para nós, significa atividade e diligência no bem, de vez que sabemos o Mestre divino à nossa espera na pessoa de nossos semelhantes necessitados. Em razão disso, a morte do corpo, para nós outras, constitui abençoada porta de libertação para o trabalho maior.

Realmente, os nossos continuam sendo o canteiro perfumado de nosso carinho, o oásis fechado de nossa devoção particular; mas a Terra se nos afigura a bendita lavoura de nosso enriquecimento novo e o trabalho, exigente, luminoso e fecundo, nos arrebata a novos horizontes, em que a nossa mente cresce, feliz, no rumo dos mais altos interesses de nosso espírito.

Nesse critério, louvemos, agora, as dificuldades que nos distanciam de certos círculos de ternura feminina.

Exaltemos as dores que nos renovam, agradeçamos a Deus os açoites invisíveis que nos vergastam a alma sensível. Com semelhante auxílio, erguer-nos-emos, sem tropeços, para a vida superior.

ISABEL CINTRA

ORAÇÃO À ESTRELA DIVINA

Estrela do Natal,
Que iluminaste a Grande Noite,
Indicando a Manjedoura Sublime,
Torna a resplandecer, por misericórdia,
No céu da consciência dos homens
— Pastores dos interesses de Deus,
Na terra maternal.

Dissipa a escuridão da meia-noite,
Rasga a visão dos cumes radiosos,
Para que os vales terrestres sejam menos sombrios!
Ordena a teus raios salvadores
Que revelem
Os lares angustiados,
Os corações doridos,
As mansardas sem pão,
Os templos sem fé,
Os campos ao abandono!...

Descortina a senda
Que reconduz ao Mestre da Verdade
E descerra, aos olhos dos novos discípulos,
Os antros do ódio e da separação,
As cavernas do egoísmo,
Os espinheiros do orgulho,

Os venenosos poços da vaidade.
Ocultos em si mesmos,

Para que se libertem de todo o mal
E te ouçam o chamamento bendito e silencioso,
A simplicidade edificante
Que renovará o mundo para a felicidade eterna.

Estrela do Natal,
Não te detenhas sobre as nossas úlceras,
Não nos fixes a miséria multissecular,
Desfaze as sombras espessas
De nossa ignorância viciosa
E arrebata-nos à compreensão
Do Senhor da Vida,
Do Condutor divino,
Do Príncipe da Paz.

Esclarece-nos a alma conturbada
E Guia-nos, fraterna,
A bênção do reinício
Na manjedoura singela
Do bem que retifica todas as faltas,
Balsamizando feridas,
Santificando esperanças,
A fim de que nos façamos, de novo,
Humildes caminheiros de tua luz
Ao encontro sublime de Jesus –
– O Cristo vivo, augusto e perenal,
Para o reinado da bondade humana,
Sob a paz verdadeira e soberana
Pelo Amor Imortal!

ALMA EROS

NOSSO GRUPO

Nosso Grupo de trabalho espírita-cristão, em verdade, assemelha-se ao campo consagrado à lavoura comum. Almas em pranto que o procuram simbolizam terrenos alagadiços que nos cabe arenar proveitosamente.

Observadores agressivos e rudes são espinheiros magnéticos que devemos remover sem alarde.

Frequentadores enquistados na ociosidade mental constituem gleba seca que nos compete irrigar com carinho.

Criaturas de boa índole, mas vacilantes na fé, expressam erva frágil que nos pede socorro até que o tempo as favoreça.

Confrades irritadiços, padecendo melindres pessoais infindáveis, são os arbustos carcomidos por vermes de feio aspecto.

Irmãos sonhadores, eficientes nas ideias e negativos na ação, representam flores improdutivas.

Pedinchões inveterados, que nunca movem os braços nas boas obras, afiguram-se-nos folhagem estéril que precisamos suportar com paciência.

Amigos dedicados ao mexerico e ao sarcasmo são pássaros arrasadores que prejudicam a sementeira.

O companheiro, porém, que traz consigo o coração é o semeador que sai com Jesus a semear, ajudando incessantemente a execução do Plano divino e preparando a seara do Amor e da Sabedoria, em favor da humanidade, no futuro infinito.

André Luiz

BENDIZE

Feliz de ti se choras e bendizes
A angústia que te oprime e dilacera,
Guardando a luz da fé, viva e sincera,
No coração marcado a cicatrizes!

Ditosa a crença que não desespera
No turbilhão das horas infelizes,
Entrelaçando as fúlgidas raízes
No País da Divina Primavera!

Suporta a sombra que precede a aurora,
Louva a pedrada que nos aprimora,
Trabalha e espera ao temporal violento!...

E, um dia, sem a carne em que te abrasas,
Remontarás ao Céu com as próprias asas,
Purificadas pelo sofrimento.

Auta de Souza

A DOR

A dor é a nossa companheira até o momento de nossa integração total com a divina Lei.

Recebe-nos no mundo, oculta nos berços enfeitados, espreita-nos no colo materno e segue-nos a experiência infantil...

Depois, observa-nos a mocidade, misturando seus raios, quase sempre incompreensíveis, com os nossos cânticos de esperanças e, atravessado o pórtico de nossa comunhão com a madureza espiritual, incorpora-se à nossa luta de cada instante...

Respira conosco, infatigavelmente marcha ao nosso lado, passo a passo, e, ainda que não queiramos, lê, sem palavras para o nosso coração, a cartilha da experiência.

Então, algo renovador se realiza dentro de nós, sem que percebamos, e, um dia, comparece em nossa estrada, conduzindo-nos à morte e à aparente separação; mas, se aceitamos as bênçãos do seu apostolado sublime, converte-se, a estranha companheira dos nossos destinos, em suave benfeitora, preparando-nos para a vitória divina, de vez que só ela é bastante forte e bastante serena para sustentar-nos até o ingresso feliz, no reino celestial.

Meimei

OLVIDA A PRÓPRIA DOR

Se ao redor do teu passo
A mágoa tumultua,
Não te esqueças que, além do teu cansaço,
Há sempre muita dor maior que a tua.

Quando triste, chorares,
Com teu sonho tocado de aflição,
Recorda as amarguras e os pesares
De quem sofre sem pão.

Se perdeste na morte um ser amado
E a saudade infinita te reclama,
Lembra aquele que vive soterrado
Em sepulcros de lama.

Se enfrentas o destino agro e sombrio,
Foge à noite em que o mundo se subleva
E recorda quem vai com fome e frio
Ao encontro da treva.

Trabalha e ajuda, embora descontente...
Além do pranto que te beija os olhos,
Correm sangue e suor de muita gente
Entre pedras e abrolhos!

Relicário de luz

Olvida a própria dor, por mais austera,
No serviço cristão,
E encontrarás na cruz que te lacera
O caminho da própria redenção

CÁRMEN CINIRA

PALAVRAS FRATERNAIS

Meus irmãos:
Paz e Amor.
Quem trabalha, se renova.
Quem se renova, melhora.
Quem melhora se eleva.
Quem se eleva, adquire visão.
Quem vê, compreende.
Quem compreende, serve.
Quem serve, é humilde.
Quem é humilde, se ilumina.
Quem se ilumina, ajuda sempre.
Quem ajuda sempre, perdoa.
Quem perdoa, semeia paz.
Quem semeia a paz, ama.
Quem ama, sabe esperar.
Quem sabe esperar, atinge a fé.
Quem atinge a fé, renuncia.
Quem renuncia, alcança a Vida Eterna.

NATANAEL

TEMPO E AMOR

Qual austero gigante que nos guia,
Furioso e rude e, às vezes, triste e lento,
Passa o tempo, na Terra, como o vento,
Renovando-te a senda, cada dia.

Não desespere, ante o céu nevoento,
Nem te abatas na estrada escura e fria,
Nascerão novas flores de alegria
Onde há charcos de angústia e sofrimento.

O templo, o lar, a fonte, a flor e o ninho...
Tudo o tempo transforma, de mansinho,
Alterando-se em luz, penumbra e treva!

Guarda, porém, o amor puro e esplendente,
Que o nosso amor, agora e eternamente,
É o tesouro que o tempo nunca leva...

JOÃO COUTINHO

DO CARINHO PATERNAL

Meu filho:
Deus te abençoe.
Como sempre, acompanho-te os passos.
Não percas a luz que a Mão invisível do Senhor acendeu em tua mocidade.

Contra ela conspiram as sombras da maldade humana, porque enquanto não possuir a Terra bastante claridade, a treva não perdoa aqueles que tentam com Jesus a descoberta do sol de fraternidade e paz verdadeira para o mundo.

Recebeste um tesouro que a minha luta árdua e absorvente não me permitiu procurar.

Defende-o.

Não é o ouro e nem os títulos que fazem o engrandecimento do homem; mas sim a renovação íntima dele, na aquisição da vida superior.

É fácil servir aos governos estabelecidos na Terra; é fácil a nossa submissão às disciplinas de variados matizes para que nos façamos cidadãos respeitáveis à frente das criaturas quase sempre tão frágeis e tão enganadas quanto nós mesmos; mas servir ao Cristo na pessoa do próximo, desvencilhando-nos de nossas vaidades e de nossas ilusões, é tarefa quase sobre-humana.

Por teu exemplo, meu filho, auxiliarás aos teus irmãos na subida espiritual. Em ti tenho as minhas maiores preocupações, e, atualmente, em tua boa vontade e em tua fé, sinto meu ponto de apoio para replantar a lavoura de minhas paternais esperanças.

Em tuas horas de solidão interior, não te confies à amargura ou ao desânimo.

Ouço-te as indagações sem palavras e espero continues avançando no conhecimento superior para que nos irmanemos, mais intimamente, nos trabalhos novos que devemos realizar.

Ajuda, como sempre, a mãezinha, com o teu devotamento de cada dia e, quanto possível, afeiçoemo-nos aos serviços da caridade que nos acenam na estrada renovadora a que fomos conduzidos.

Conduze à tua mãe o meu pensamento diário de carinho, de gratidão, de saudade e de amor; lembra-me aos filhos queridos, e recebe o paternal e afetuoso abraço de teu pai, muito amigo de sempre,

CARLOS

PALAVRAS AOS JOVENS

Mocidade: repara a sementeira
Que na terra obscura se levanta,
E cultiva a verdade, augusta e santa,
Que te enriqueça para a vida inteira.

Guarda a luz do Evangelho por bandeira!
E se o mal pavoroso se agiganta,
Estende o bem por milagrosa planta
Dos Dons Celestes de que és mensageira.

Serve, estuda e aprimora-te! Prepara
A vitória do Cristo em manhã clara,
Edificando o amor fraterno e puro!

Encontrarás, ditosa, ao fim do dia,
Os tesouros da paz e da alegria,
Nos eternos celeiros do futuro!

FÉLIX DE BULHÕES

SOLILÓQUIO

Os torvos corações, náufragos de mil vidas
Distantes de Jesus, que nos salva e aprimora,
Sob o guante da dor, caminham de hora a hora,
Para o inferno abismal das almas consumidas...

Sementeiras de pranto, aflições e feridas,
No pecado revel que os requeima e devora...
Depois, a escuridão da noite sem aurora
E o sarcasmo cruel das ilusões perdidas...

Alma triste que eu trago, ensandecida e errante,
Porque fugiste, assim, no milagroso instante?
Porque rogar mais luz, se, estranha, te sublevas?

Ah! mísera que foste, hesitante e covarde...
Não lamentes em vão, nem soluces tão tarde...
Procuremos Jesus, além de nossas trevas!

João Guedes

VIDA ÍNTIMA

Quando pensas na dor, invoca a presença do infortúnio.

Quando meditas no mal, intensifica-lhe o crescimento.

Quando refletes na tristeza, agiganta-se a amargura.

Quando te aconselha com a desconfiança, golpeias a própria fé.

Quando desejas prazeres inferiores, atrais a força tenebrosa que te servirá em lastimáveis realizações.

Quando pensas, porém, na alegria do trabalho, o trabalho acrescentar-te-á alegria.

Quando meditas no bem, o bem virá em teu auxílio.

Quando te entendes com a fé, o otimismo e a segurança escudar-te-ão o espírito.

Não abandones o campo íntimo.

Teu desejo – tua meta.

Tua consciência – teu condutor.

De nosso próprio coração nasce a corrente que nos levará aos cimos resplendentes da vida ou aos escuros abismos da morte.

Ismael Souto

GRATIDÃO FILIAL

Minha querida Mãe:

Jesus nos abençoe, concedendo-nos muita paz dentro da luta em que precisamos conquistar os valores da nossa evolução.

Estamos lembrando o oitavo aniversário de meu novo nascimento, na vida espiritual, e venho agradecer o consolo de seus carinhos, em torno de minha memória.

Raros, na Terra, conhecem os benefícios reais da prece. Há muita gente que ao invés de orar, apenas congrega palavras de aflição ou desespero, quando o ato de comunhão das almas entre si ou com o divino Poder resulta sempre do silêncio sublime em que o amor se edifica para a vida eterna.

Trago ao seu coração o meu coração reconhecido e feliz. Agradeço as suas lágrimas de saudade e esperança, porque traduzem a maior dádiva que seu Filho pode receber atualmente da Terra.

É doce voltar ao espírito materno no torvelinho de lutas a que a evolução nos arrebata, porque, na ternura das mães, há sempre flores de puro e desinteressado amor, perfumando o oxigênio que respiramos.

Enquanto o tempo corre e enquanto correm os homens para se contemplarem depois, dentro desse mesmo tempo convertido em passado, cheios de pesar por não haverem aproveitado o tesouro das horas, nós dois permanecemos, nestes abençoados minutos, refazendo forças para o bom combate,

Entrelacemos nessas rogativas, pedindo a Deus energias para não desmerecer a nossa oportunidade bendita de sofrer e lutar. Reunamos nossas aspirações antigas e novas de trabalho num voto ardente de mais aplicação aos princípios sagrados da renúncia e de maior devotamento ao sacrifício próprio, em cujo segredo estamos restaurando os nossos destinos.

Abençoemos a dificuldade que nos impõe a renovação dos pensamentos e louvemos a dor que nos desperta na direção dos cumes da vida e confiantes retomemos o curso das obrigações que nos competem, na certeza, Mamãe, de que sem o sofrimento, a nossa alma não ultrapassaria a condição da pedra.

Quando o termômetro das nessas necessidades acusa graus de elevação, nossos sentimentos como que se fortalecem na romagem para o Céu.

As marchas do mundo abrandam-nos a natureza e, os golpes da marcha, muitas vezes abrindo chagas em nosso coração, nos modificam o íntimo para a luz suprema.

Estou satisfeito com a sua paciência, com a sua tolerância e com a sua serenidade, mas peço ao seu valor moral nunca trair a nossa necessidade de bom animo. Tenhamos fé para a viagem que estamos efetuando sob a tempestade de muitos anos.

Creia que nunca esteve sozinha, assim também quando eu me reconheço sempre amparado em sua dedicação.

A inquietação de qualquer espécie é sempre a pior resposta de nosso espírito ao Céu que tudo nos confere para o Bem e para a Luz.

Esperando que a sua dedicação renda graças comigo a Jesus, pelo muito que nos tem concedido, beija o seu coração com muita gratidão e com muito amor o seu filho saudoso que não a esquece.

WILLIAM

SAUDADE

Ante o brilho da vida renascente
Depois da névoa estranha, densa e fria,
Surgem constelações do Novo Dia
Muito longe da Terra descontente.

Mundos celestes, reinos de alegria
E impérios da beleza resplendente
Cantam no Espaço, jubilosamente,
Ao compasso do Amor e da Harmonia...

Mas, ai! Pobre de mim!... Ante a grandeza
Da glória excelsa eternamente acesa
Volvo à sombra letal do abismo findo!

E, esmagado de angústia e de carinho,
Choro de amor, revendo o velho ninho
E as aves temas que deixei no mundo!...

LEÔNCIO CORRÊA

ORAÇÃO DO DISCÍPULO

Senhor Jesus!

Do pesado madeiro de minha inconsciência, em que as minhas fraquezas Te crucificaram, ouve-me os rogos e não me negues Teu socorro constante.

Vidente divino, dá-me a graça de ver os favores com que me enriqueces, em forma de lutas e sofrimentos.

Benfeitor eterno, faze-me sentir a alegria do Céu, em minhas dores terrestres.

Oleiro paciente, aquece a argila do meu frágil coração para que se transforme em vaso proveitoso ao Teu serviço.

Sábio juiz, infunde-me respeito às leis divinas que esperam a minha regeneração para a eternidade.

Companheiro atencioso, auxilia-me a ser irmão de todas as criaturas.

Médico infalível, cura-me as chagas íntimas, alimentadas por minha própria imprevidência.

Amigo admirável, sela meus lábios para o mal e inspira-me o amor infatigável ao bem.

Mestre abnegado, não me faltes com as Tuas lições de cada dia.

Semeador celeste, protege a Terra de minha alma contra os vermes da má vontade e da preguiça para que eu Te encontre incessantemente no trabalho que me concedeste.

Senhor das Bênçãos, não me relegues aos inconscientes desejos que nascem de mim e sustenta-me abençoado caminho da vida reta

em que devo negar a mim mesmo, tomar a cruz salvadora de minhas próprias obrigações e marchar ao Teu encontro, hoje e sempre.
    Assim seja.

EMMANUEL

COM CRISTO

Irmãos: ide e pregai, com a palavra e com a vida,
A lição de Jesus renovadora e bela...
O mundo é mar revolto, onde a angústia revela
A torva escravidão, à sombra indefinida.

A civilização é nau espavorida
Ao sinistro aquilão de indômita procela;
Sigamos com Jesus, no amor que se desvela,
Desfazendo os grilhões da Terra envilecida.

Em quase toda parte, a treva brande o açoite;
Penetremos, servindo, os cárceres da morte
E acendamos a luz no pélago profundo...

Porque somente em Cristo a vida se levanta,
Renovada e feliz, regenerada e santa,
No reinado de paz da redenção do mundo.

JOSÉ DO PATROCÍNIO

PERDOE E VIVA

Se você não perdoar hoje...
Amanhã, por certo, o seu dia será mais escuro,
Seus passos estarão menos firmes,
Seus problemas surgirão mais complexos.
Sua mágoa doerá muito mais...
Se você não perdoar agora,
Que será do seu caminho, depois?
Desculpe enquanto é tempo, para que, de futuro, não recaiam sobre sua cabeça os padecimentos e as queixas de muitos.
Esqueçamos o mal para que o mal não se lembre de nós.
O incêndio da aflição devasta a consciência que não conseguiu bastante força para lavar-se nas águas vivas da grande compaixão.
Quem não perdoa os erros dos semelhantes, condena a si mesmo.
Quem não olvida as ofensas, transforma-se num fardo de crueldade.
Descerremos a janela de nossa compreensão cristã para o ar livre do bem que tudo renova, tudo aproveita e tudo santifica e, auxiliando ao nosso irmão do caminho, quantas vezes se fizerem necessárias, nossa romagem para Jesus não sofrerá tropeços e crises, porque, usando o amor para com os outros, seremos, gradativamente, convertidos em felizes instrumentos do Amor de nosso Pai celestial.

MEIMEI

CARTÃO FRATERNO

Abre teu coração à luz divina
Para que a luz do amor em ti desponte.
E subirás, cantando, o excelso monte
Que de bênçãos celestes se ilumina.

Honra a luta na terra que te inclina
A sublime largueza de horizonte.
A nossa dor é a nossa própria fonte
De profunda verdade cristalina.

Quebra a escura cadeia que te isola!
Faze do teu caminho a grande escola
De renascente amor, puro e fecundo!...

Deixa que o Cristo te penetre a vida
E que sejas, do Mestre, a chama erguida,
A luminosa redenção do mundo.

LUIZ GUIMARÃES

ANIVERSÁRIO DE LUZ

Meus queridos:
Minha prece a Jesus pela paz de nós todos.
Amparado com a presença de nossos benfeitores da espiritualidade, desejo exprimir-lhes o contentamento que me vai no espírito.
Dois anos de vida nova.
Não sei se cresci com o tempo ou se o tempo cresceu dentro de mim.
Sei apenas que o meu coração, não mais de criança, aqui se inclina, compreendendo, graças a Deus, o valor da fé e a grandeza do amor, para suplicar a Jesus nos garanta a jornada espiritual para frente, na sublime convicção de que a morte não significa, diante da vida, senão breve nevoeiro esbatido pelo sol.
O mundo vale como escola de aperfeiçoamento e a dor é simples buril que nos aprimora... E todos nos achamos, na estrada interminável do tempo, em marcha viva para a sublime comunhão com o Senhor.
Berço e túmulo são meros acidentes em nossa gloriosa viagem.
Dentro da realidade, continuam-se um ao outro, até que a nossa alma entesoure, para sempre, a necessária santificação.

***

Meu querido: ontem fiz tudo realizar para corresponder em carinho à dedicação que recebo. Não estou desanimado.
A materialização concreta, com todas as características de recuo à forma física abandonada, não é assim tão fácil.

Precisaríamos de um conjunto tão grande e tão complexo de circunstâncias e fatores absolutamente favoráveis que, sinceramente, por enquanto não podemos pensar nisso. O veículo do médium é desdobrado e aproveitado, no máximo de sua cooperação. Seu corpo denso, por isso mesmo, reclama cuidados especiais, impedindo-nos maior incursão na experiência.

Ectoplasma, segundo me explicam aqui, é uma força, que será amadurecida na humanidade, mas que, atualmente, por essa razão, é empregado em nossas relações com o mundo, à maneira de um fruto verde. Eu não posso alimentar a certeza de reencontrar-nos com a segurança de impressões que nós ambos desejaríamos. Seria pretender a execução de serviços, por enquanto, impraticáveis. Contudo, prossigo nutrindo a esperança de nosso retrato juntos. Não com a ideia de que os seus olhos da carne me identifiquem, com todo poder de análise, tal qual no passado que, há dois anos, se transformou em presente diverso para nós dois; mas com a certeza de que a objetiva fotográfica me fixará, ao seu lado, para a presença ditosa da Imortalidade.

Nossos amigos daqui podem harmonizar as vibrações entre a objetiva e a nossa imagem e daí a minha esperança de que estaremos unidos em breve, para semelhante tentativa. Nossos instrutores espirituais são unânimes em afirmar que a televisão pode fornecer, ao mundo, alguma ideia segura sobre essa necessidade de equilibrado vibratório para a transmissão de forças que reagirão sobre o nosso campo impressivo. Para falar-lhe com franqueza, eu próprio ignoro como esclarecer os detalhes técnicos do assunto, mas estou convencido de que a nossa experiência de encontro, positivamente real pela fotografia, será coroada de êxito. Peço, desse modo, ao médium, não esmoreça.

Conto com o nosso amigo para continuarmos firmes em nosso empreendimento até consolidá-lo de modo insofismável. Rogo-lhe confiança, alegria e amor. A disposição mental determina, de maneira forte, a solução dos problemas da natureza desses que nós estamos enfrentando.

Observe como é intrincada a nossa questão – pois, efetivamente, estamos perto e longe um do outro, simultaneamente. Não permita que a dúvida se erga por muralha intransponível, entre nós. Guardemos nosso otimismo na certeza robusta de que a separação não existe.

Seu carinho me pressente, me assinala a esperança e me registra a presença... Esperemos; esperemos com o amor no coração e com o trabalho nos pensamentos e nas lutas de cada dia. Contarei com a formosa paciência do médium para que atinjamos os nossos fins.

Agradeço-lhes todo esse amor com que me alimentam diariamente.

Sou ainda o companheiro do lar, embora a compreensão diferente que hoje me felicita. Tenho necessidade dessa ternura que me vem da abnegação com que se voltam para mim. Por agora nada possuo com que lhes expresse a minha gratidão e o meu júbilo, mas Jesus ouvirá minhas preces e virá em meu auxilio, retribuindo-lhes, em felicidade, esse patrimônio de bênçãos com que me enriquecem a Vida espiritual.

***

Nossa Casa transitória continua em evolução, no circulo de nossas melhores esperanças e de nossas preces, a caminho de bases iniciais em que se erguerá para o futuro. Acreditamos que pleitear uma residência para o nosso serviço, em sua fase de começo, é uma das providências mais acertadas para assegurar o triunfo imediato de nossa realização.

Passo a passo, e degrau a degrau, movimentar-nos-emos no rumo da construção maior.

Serviço iniciado gera cooperação.

Sementeira de fraternidade traz a colheita de amor.

O problema que vem sendo esboçado em favor de nossas irmãs menos felizes, constitui um projeto valioso para encetar o nosso esforço de recuperação.

Comecemos... Confio no devotamento de todos os que se farão associados de nossa tarefa cristã.

Deixo-lhes a todos minha alma reconhecida. Presentes e ausentes, a todos agradeço pela generosidade de vibrações que me enviam.

Que Jesus nos fortaleça e abençoe.

Meus queridos; quisera prosseguir, mas não posso. Nossos assuntos guardam o selo da eternidade e estamos todos condicionados ao tempo. Atendamos ao culto do Evangelho em casa. Tudo vai bem.

Se pudesse, não me afastaria do lápis, mas devo encerrar esta carta com o meu amor e com o meu reconhecimento de todos os dias.

Reunindo a todos, em meu coração, rogo ao divino Mestre nos conserve ligados à sua divina Luz, para que continuemos indissoluvelmente unidos, no caminho para a Vida imortal.

Deixando-lhes as minhas flores de carinho e gratidão, sou o companheiro feliz de todos.

CARLOS AUGUSTO

NO ESTRANHO PORTAL

No último instante, a lágrima dorida
Resume as ânsias da existência inteira,
E a saudade é a tristonha mensageira
Que engrinalda de angústia a despedida.

A antevisão do fim de toda a vida
Obscurece a tela derradeira
E a noite escura se distende à beira
Da suprema esperança desvalida.

Um golpe... Um sonho... E excelsa clarinada
Anuncia outra vida renovada,
Brilhando além da lápide sombria.

Apagou-se a candeia transitória
E a verdade refulge envolta em glória,
Aos clarões imortais do Novo Dia.

Luiz Pistarini

COM OS DIAS

Com os dias, a criança caminha na direção da juventude e a mocidade adquire o tesouro da madureza...

Com os dias, a sementeira se desenvolve, convertendo-se em flores e frutos na graça do celeiro...

Com os dias, a ilusão se transforma em desencanto, mas também, com os dias, o desapontamento produz a compreensão.

Não te desesperes, diante da dor a reprezar-se em teu cálice.

O tempo que converte a alegria em experiência é o mesmo que extrai a felicidade do sofrimento.

Trabalha e conta com as horas.

Com os dias, contemplarás a ti mesmo e receberás de Jesus a bênção renovadora que tudo restaura, melhora e santifica, em louvor do infinito Bem.

AGAR

BRASIL – PÁTRIA DO EVANGELHO

Esta é a Pátria da Eterna Primavera.
Áureo florão da América, celeiro
De abastança sublime ao mundo inteiro,
Nação de que as nações vivem à espera.

Enquanto o antigo monstro dilacera
O Velho Mundo em novo cativeiro,
Brilha o palio celeste do Cruzeiro
Na vanguarda de luz na Nova Era!

Brasileiros, vivamos a aliança
Do trabalho, do bem e da esperança,
No País da Bondade, almo e fecundo!...

Exultai! Que o Brasil, desde o passado,
É a Pátria do Evangelho Restaurado
E o Coração de Paz do Novo Mundo.

PEDRO D'ALCÂNTARA

EM SAUDAÇÃO FRATERNAL

Meus Amigos:
Que o Mestre nos ampare os Corações.

Viajores de muitas romagens, Irmãos de muitas empresas, não nos percamos uns dos outros, procurando alimentar, mais intensivamente, nossos antigos ideais de Trabalho e Renovação. Não olvideis que o veículo de carne assume a importância de valoroso e insubstituível Instrumento de nossa Alma, na aquisição da experiência que constituirá Provisão do Celeiro de nossa Vida eterna.

Ontem, nos comprometíamos em comum com os Poderes superiores que nos governam os destinos, hipotecando nossa boa vontade e empenhando os nossos sentimentos, na Abençoada iniciativa da Sementeira terrestre... Essa Lavoura do Espírito, com tudo, reclama, de nós outros, atividade cada vez mais viva na extensão do Bem.

Compreendemos que tudo vindes realizando ao alcance de nossas possibilidades na direção dos Cimos; entretanto o tempo urge e quanto mais puderdes edificar, certamente mais segurança improvisareis em favor de nós mesmos, no grande futuro. A encarnação da Alma no Planeta que nos serve de multimilenar Escola considerada no infinito do tempo, é semelhante ao voo do pássaro que se afasta momentaneamente do ninho, em busca de alimentação, do Abrigo a que se recolhe, na fronde do arvoredo... Nossa Consciência, quando na construção organogênica da carne, é simplesmente a Ave da Eternidade em ausência rápida do Asilo sublime em que residimos na Vida superior. Não temais a luta e a dor antiga, mestras de nosso Aperfeiçoamento moral. Com o valoroso concurso delas, é possível enriquecer o farnel de nossos conhecimentos, recursos com que havemos de prover a nossa Casa imperecível do Amanhã. Resgatemos nossas dívidas do passado, valorizando o presente no levantamento do porvir. As dificuldades e os obstáculos são cinzéis preciosos nas mãos do eterno Escultor que nos deseja incorporar à Glória divina da eterna Beleza. Saudando-vos, pois, como sempre, nesta abençoada Noite de Fraternidade, Oração e Esperança, pedimos ao Senhor nos conserve unidos e felizes na Tarefa que nos cabe cumprir hoje e sempre.

EMMANUEL

CALVÁRIO ACIMA

Eis a luta, alma querida,
Este é o roteiro da vida,
Se buscamos a ascensão...
Por fora, golpes e dores
Nos caminhos remissores,
E angústia no coração.

Tempestades, ventanias,
Horas tristes e sombrias,
Incompreensão a gritar!...
A terra empedrada e dura,
O desencanto e amargura,
No sonho a desesperar...

Mas, sigamos para a frente,
Embora a estrada inclemente,
De ombros vergados à cruz!
Vencendo a sombra e a agonia,
Alcançaremos, um dia,
O monte da eterna luz.

Subamos sem desalento...
A palma do sofrimento
É santa renovação,
Quem, com Jesus, segue e lida,
Atinge os cimos da vida
Ao sol da ressurreição.

JOÃO DE DEUS

EDIÇÃO	IMPRESSÃO	ANO	TIRAGEM	FORMATO
1	1	1962	5.000	12,5x17,5
2	1	1979	10.200	12,5x17,5
3	1	1991	5.000	12,5x17,5
4	1	1995	5.000	12,5x17,5
5	1	2005	500	12,5x17,5
6	1	2007	1.000	12,5x17,5
6	2	2011	500	12,5x17,5
7	1	2014	3.000	13,5x20,5
7	IPT*	2025	80	13,5x20,5

*Impressão pequenas tiragens

FEB editora
Livro espírita para um novo mundo
www.febeditora.com.br
@febeditoraoficial
@febeditora

Conselho Editorial:
Carlos Roberto Campetti
Cirne Ferreira de Araújo
Evandro Noleto Bezerra
Geraldo Campetti Sobrinho – Coord. Editorial
Jorge Godinho Barreto Nery – Presidente
Maria de Lourdes Pereira de Oliveira
Miriam Lúcia Herrera Masotti Dusi

Produção Editorial:
Elizabete de Jesus Moreira

Revisão:
Davi Miranda
Renata Alvetti

Capa, Projeto Gráfico e Diagramação:
Thiago Pereira Campos

Foto de Capa:
http://www.istockphoto.com/mycola

Normalização Técnica:
Biblioteca de Obras Raras e Documentos Patrimoniais do Livro

Esta edição foi impressa no sistema de Impressão pequenas tiragens, em formato fechado de 140x210 mm e com mancha de 114x180 mm. Os papéis utilizados foram o Off white 80 g/m² para o miolo e o Cartão 250 g/m² para a capa. O texto principal foi composto em fonte Adobe Garamond Pro 12/15 e os títulos em District 20/20. Impresso no Brasil. *Presita en Brazilo.*